土の声を

「国策民営」リニアの現場から

土の声を

「国策民営」リニアの現場から

信濃毎日新聞社編集局

岩波書店

はじめに

長野県飯田市から東京・新宿まで公共交通機関を使うと何時間かかるか、ご存じでしょうか。最も速いのは中央道をひた走る高速バス。所要時間は4時間を超えます。唯一の鉄路であるJR飯田線は天竜川の渓谷を縫うように走る区間も多く、都市圏と結ぶ機能は期待されていません。「陸の孤島だよ」。飯田市周辺の人たちから、そんな嘆きを聞いたこともあります。

ここに、南北に長い長野県特有の地域事情や住民感情が絡みます。県北部に位置する県庁所在地の長野市は、1998年長野冬季五輪の開催都市。97年秋には長野新幹線（現北陸新幹線）の東京―長野間が開通し、従来の半分、1時間半ほどで結ばれました。他の交通インフラも充実させて都市機能を高めた長野市に、飯田市からはやはり高速バスで3時間。「北高南低」とも表現される状況に、県南部の人たちはやるせなさを抱えてきました。

ゲームチェンジャーとなり得るのが、「リニア中央新幹線」でした。

中央新幹線は73年、「地域の振興に資する」ことを目的とする全国新幹線鉄道整備法に基づく基本計画路線になり、78年には旧国鉄が長野県内の路線についてA（諏訪・木曽谷回り）、B（諏訪・伊那《いな》谷《だに》回り）、Ｃ（南アルプス貫通）の３ルートを示しました。地域間の綱引きも繰り広げながら89年、県が調整役となってＢルート実現を目指す方針で一本化。県中南部の住民にとってどのルートがより良い選択か、各地域の主張に折り合いを付けた結論でもありました。

局面が大きく変わったのは２００７年。ＪＲ東海が自己資金で開業を目指す方針を示し、東京―名古屋間を最短で結ぶため、南アを貫くＣルートを前提に掲げたのです。過密ダイヤに限界が来た東海道新幹線の代替路線として、新幹線で得た巨利を投じ、直線的な最短コースでつなぐ――。企業、大都市圏の論理を前面に出され、一定の民主主義的な手続きを経てＢルート実現を目指すに至った長野県側の主張は吹き飛ばされました。

ただ、飯田市周辺にとっては悪い話ではありません。直線ルートをとることで県内駅ができる飯田から東京まで45分、名古屋までは25分。夢のような時間短縮は、陸の孤島を脱するだけでなく、大都市圏に最も近い優位に立つことができる大きな変化です。最終的に最小限の施設はＪＲ東海が負担することになった駅の建設費をめぐり、当初は「全額地元負担」といった難題を突きつけられても、「悲願達成」への対応が最優先となりました。味わってきた悲哀を重ね合わせれば、その気持ちは理解できるものです。

信濃毎日新聞はこの間、リニア建設そのものに明確な反対の論陣を張ったことはありません。隆起が続く南アルプスの難工事や運行の安全性、自然環境保護や景観保全、とてつもない電力を費やす必要性といった視点から、さまざまな問題提起を重ねてはいました。

「夢の超特急」はしかし、県内駅の周辺整備が始まり、トンネル掘削工事の槌音が鳴り、残土処理のダンプが走るにつれ、地域をきしませ、住民の分断を生んでいきます。その現実が私たちの目の前に現れ始めました。

大都市圏間の移動を最優先するリニアは誰を幸せにするのか。東京一極集中をもたらしてきた価値観が新型コロナ禍で揺さぶられ、暮らしのありようも変わりつつあります。地域を激変させる歴史的事業を検証せず、結果的に追認する報道にとどまれば、信毎は責務を果たしているとは言えません。地域に禍根を残すことになり、未来の評価にも耐えられないでしょう。

賛成、反対の旗幟《きし》を鮮明にして言い切るような記事を書くことは、実はストレスが少なくて済みます。多様な意見に向き合い、どう橋渡ししていくかに腐心しなければならない地方紙は、それでは読者の信頼を得られません。

私たちは取材を始める前に、一つの確認をしました。「この報道はリニア反対キャンペーンではない。現場を丹念に歩き、事実を一つ一つ積み上げ、しっかりした根拠を持てたならば、堂々と『これはおかしい』『再考すべきだ』と書こう」。取材班の記者たちは現場に深く入り込んでいきました。

政府が多額の資金を貸し付ける国策事業でありながら、民営事業としてＪＲ東海が建設、営業を担う形態によって、責任の所在が曖昧になっていました。

「誰が対応してくれるのか」と戸惑う沿線地域や残土処分予定地の住民たち。開業を期待する同調圧力に押しつぶされ、声を上げられずに沈黙する人たち。トンネル工事事故で大切な息子を失い、涙に暮れる家族……。中心市街地のまちづくりと一体化させるために望んでいた駅位置が採用されず、期待する側からも「こんなはずでは…」と本音がこぼれました。巨大な電力消費に見合う需要が本当にあるのか、人口減少時代なのに成長神話に軸足を置いたままでいいのか、価値観の問い直しにも迫られました。

「土の声を」のタイトルには、取材班記者たちのこだわりが込められています。「土」は、大都市圏の利便性を高めるために翻弄される地方、田舎のこと。巨大事業に押しつぶされそうな地域の名もなき小さな声のこと。土に根ざして生きる人たちの声に耳を澄ませ、地元紙としておかしなことはおかしいと訴えていく――。一つ一つの記事は、そんな覚悟を決めた記者たちが地域、住民と真摯に向き合い、時にＪＲ東海や行政側と厳しく対峙して書き上げました。

情報が開示された上で議論が交わされ、できるだけ多くの納得を得ながら物事を進めるという民主主義の原則が国内外で軽んじられています。国策民営のリニア事業でも同様の課題を目の当たりにしました。長野県内を主な取材現場にした連載とはいえ、動き出したらなかなか止まらない巨大事業に向き合って問題提起した１本１本の記事の内容は、地域を違《たが》えても、そして時代を経ても、普遍的な意味を持つ記録です。

幸いにして本連載は「リニア問題に、正面から本格的に切り込んだ本企画は、斬新でインパクトが大きい」「事業主体となるＪＲ東海の情報公開への消極性も指摘し、一貫して住民の視点に軸足を置いている」などと評価され、日本ジャーナリスト会議のＪＣＪ賞、新聞労連ジャーナリズム大賞を受けました。

リニア中央新幹線は、27年を目標としていた開業時期の遅れが確実視されています。その一方、残土を載せたダンプが山間の狭い道を間断なく走り、県内駅周辺では住宅移転跡の更地が広がっています。私たちは本当にリニア中央新幹線を必要とする時代を生きるのか、将来にどんなふるさとを受け渡せばいいのか。「土」とともに立つ取材は続きます。

2023年2月

信濃毎日新聞社取締役編集局長　小市昭夫

リニア中央新幹線の長野県内駅建設が計画される飯田市上郷飯沼・座光寺の一帯.
2022 年 1 月 1 日.

目次

＊本書に登場する人物の年齢・役職は取材当時のものです。
＊ことわりのない写真はすべて信濃毎日新聞社の撮影によるものです。

プロローグ

山頂は快晴。がれ場（小さな石が積み重なった場所）に雪が積もっていた。２０２１年10月下旬、取材班の記者が長野・静岡県境の南アルプス小河内岳《おごうち》（２８０２メートル）に登った。下伊那郡大鹿村《おおしか》の鳥倉登山口手前のゲートから歩いて約４時間半。遠く東の富士山の向こう、東京・品川を起点に計画されたリニア中央新幹線は、この山の下約１４００メートルに掘るトンネルを時速５００キロで通過、はるか西の名古屋までを最短40分で結ぶ。

「東京・名古屋・大阪間が約１時間で行き来できるようになれば、今まで以上に各都市間の結びつきが強まり、世界で類例のない巨大都市圏が誕生します」。事業主体のＪＲ東海はホームページで、そう未来像をうたっている。三大都市圏の一体化で「スーパー・メガリージョン」（超巨大都市圏）ができると、国は15年の第２次国土形成計画に記した。

西に目をやると、南アルプス（南ア）トンネル工事が進む大鹿村最奥部の釜沢集落が見える。さらに山を越えると伊那谷だ。「ああ白雲の谷深く　都の塵《ちり》も通ひこぬ　この山川のうちにこそ　まことの丈夫出《い》づるなれ」。飯田高校（飯田市）の校歌には、大都市からの距離に触れた歌詞がある。今も飯田から東京まで高速バスで４時間余、名古屋まで２時間余。高校卒業後、進学や就職で地元を離れる若者は多い。

「伊那谷にとって、リニアの開通は念願だった」。ルートが通る同郡阿智《あち》村の前村長、岡庭一雄さん(79)は話す。飯田商工会議所などの呼び掛けで中央新幹線建設促進飯伊地区期成同盟会が発足したのは1974(昭和49)年。国が中央新幹線を、整備計画路線より優先度の低い基本計画路線に位置付けた翌年だった。「『飯田通過』をめざす」。信濃毎日新聞は当時、設立総会の様子をそう伝えた。

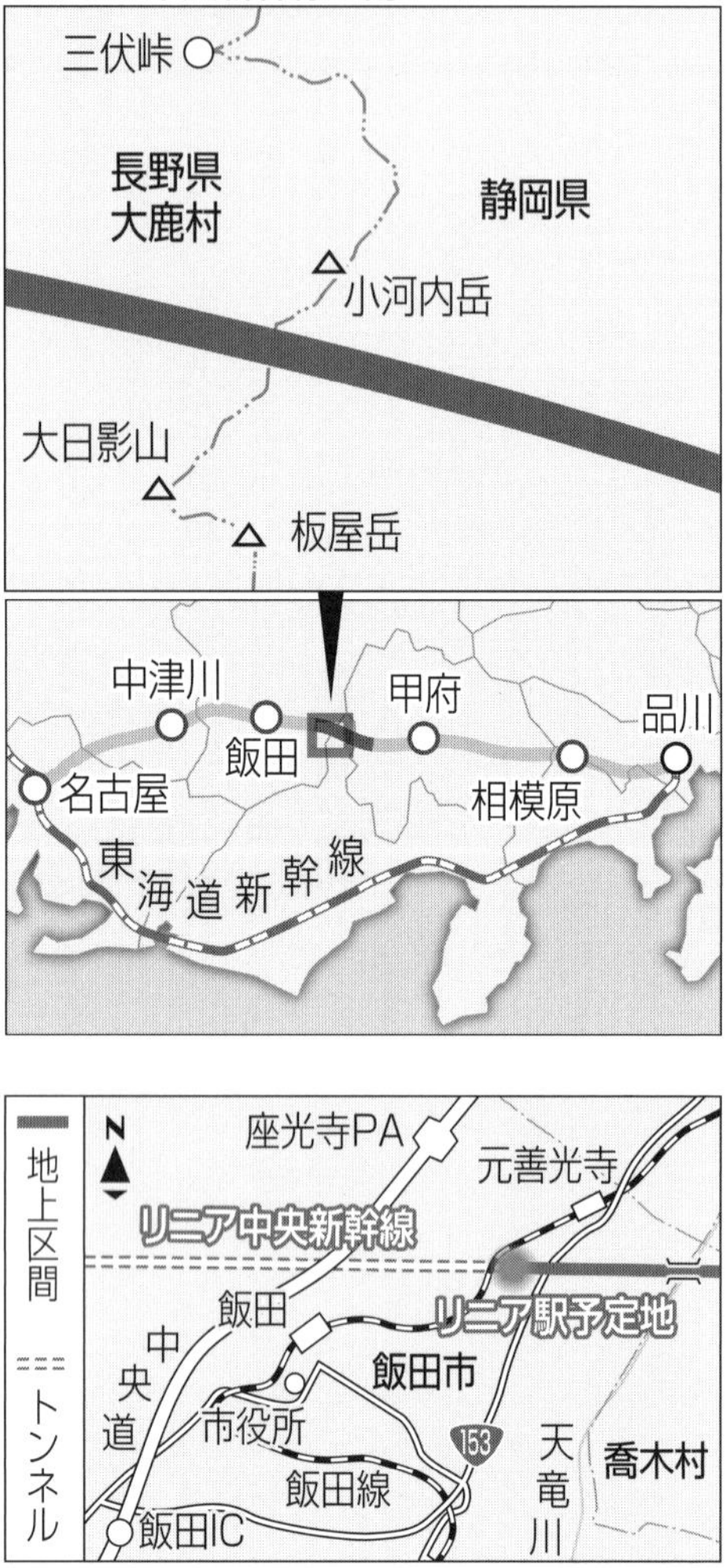

リニア中央新幹線の南アルプストンネル

それから48年。リニア計画は多くの問題を抱える。小河内岳の東から南に広がる静岡県は、南アトンネル掘削に伴う大井川の流量減少などを懸念。静岡工区(8・9キロ)の着工を認めていない。JR東海の金子慎社長は2021年12月の記者会見で、27年を予定した品川—名古屋間の開業について、めどが立っていないことを説明した。

「水」の心配に加え、信州では今、「土」の問題が表面化している。トンネル工事で出た残土を運ぶ際の騒音、ダンプカーの増加、県内だけで東京ドーム8個分近く生じるという残土の埋め立て場所や安全性——。自宅がルートに当たり、土地を追われる人もいる。

地域に根差した人々のこうした「土の声」に、JR東海はどれだけ向き合ってきただろうか。リニア計画は全国新幹線鉄道整備法(全幹法)に基づく取り組みで、政府が財政投融資で3兆円を貸し出す「国策」事業。一方で主体はあくまでJRの「民営」事業だ。事業採択から一定期間経った公共事業の妥当性を再評価する仕組みはなく、情報公開制度の対象にもならない。

「どうにもならない」「運が悪い」。国策だからか、地域の期待を感じてか、計画への疑問や不安、異議申し立ては小さな声にとどまり、諦めを口にする人もいる。つぶやくような嘆きの向こうには、それぞれの積み重ねてきた暮らしや人生がある。

私たちはその声に耳を傾けるところから、取材を始めた。

新潟県
富山県
長野市
群馬県
上田市
松本市
岐阜県
埼玉県
諏訪市
伊那市
山梨県
南木曽町
大鹿村
阿智村
飯田市
静岡県
天龍村
愛知県

第1部

集落消滅

仲間と市田柿を作る熊谷淳子さん(右).
手を動かし，合間に交わす会話の楽しさが伝わる.
2021年11月26日，飯田市上郷飯沼.

諏訪湖から南へ流れ出た天竜川を挟み、両岸に段丘が広がる伊那谷。2022年の年明け、右岸の飯田市上郷地区の段丘崖《だんきゅうがい》から見下ろすと、川の手前の一帯に不自然な空き地が目に付いた。リニア中央新幹線計画を進めるJR東海が建設を計画する長野県駅(仮称)と周辺の予定地だ。「東京や名古屋が近くなる」。こうした期待の半面、工事の本格化でさまざまな影響が目に見えてきた。

「この冬が最後かもしらん」

ひもに吊るしたオレンジ色の柿、柿、柿。農業用ハウスの中で、薄日に照らされた「柿すだれ」が風に揺れた。2021年11月下旬、飯田市上郷飯沼北条地区。「さあ、休憩だに」。まとめ役の女性が声を掛けると、白いかっぽう着に帽子、マスクの男女が一人、また一人と、柿のへたを切る手を止めた。

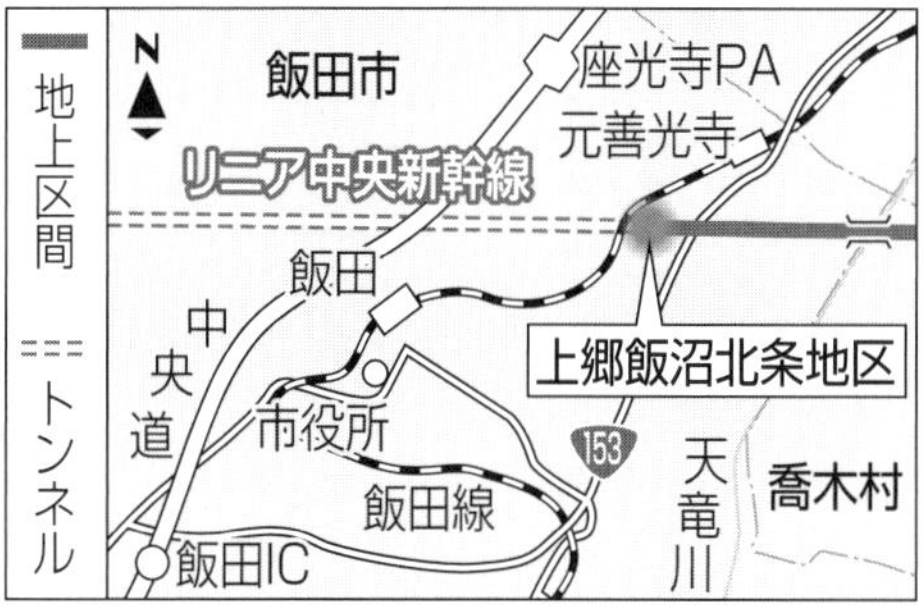

秋から初冬に続く飯田下伊那地方特産の干し柿「市田《いちだ》柿」の生産作業。声を掛けた熊谷淳子さん(80)は、ハウスと同じ敷地の自宅に夫の清人さん(81)や長男、長女と暮らす。庭に10本の柿の木があり、以前から自家用に干し柿を作り、20年ほど前に出荷を本格的に始めた。

この日、一緒に作業した68～85歳の女性7人と男性2人は、淳子さんの姉妹や近所の人ら。お茶をすすり、漬物をつまむ。今年の農作物の出来、孫の様子――。話に花が咲いた。認知症の夫を介護する仲間の女性は、気心の知れた輪の中で過ごすここでの時間が、気分転換になっている。

近くにリニア中央新幹線の長野県駅(仮称)ができる。市が17年に作った周辺整備の計画で、本線に加えて広場や駐車場の予定地に、熊谷さんの自宅など計約5000平方メートルが当たると分かった。「反対しなきゃ、と思ったけど地域で声が上がらなかった」。淳子さんは言う。

市によると、一連の整備で市内では一般住宅だけで約190世帯の移転が必要。地上駅を長野、山梨、岐阜県に建設予定のJR東海は「測量、設計が終わっていない」として必要な移転建物数を公表しておらず、各県なども同様だ。ただ、同社ホームページの航空写真などを見ると、長野県駅一帯は他県駅に比べ、多くの家屋移転が必要に見える。

北陸新幹線（長野経由）軽井沢—長野間の建設に伴い長野市内の沿線で移転した家屋などは293戸。木曽郡木曽町・王滝村境の牧尾ダム建設では240戸が移転した。これらと比べても今回のリニア県内駅建設に伴う移転規模は1カ所としては大きい。まるで「集落消滅」だ。

「バキバキバキッ」。シーズン最後の出荷日となった21年12月15日。記者が熊谷さん宅を訪ねると、100メートルほど先で重機の爪が木造の建物を壊す音が聞こえた。「ギッキキキキキー」。屋根が引き剝がされ、悲鳴のような音が響く。道路を挟んだ先では建物が解体され、コンクリートの基礎だけが残る。敷地境界に並んだ木製の柵には、白い文字で「中央新幹線用地」と書かれていた。

清人さんは、用地交渉を担う市との話し合いはしているものの、「動いてくれとはっきり言われた覚えはない」とし、補償に必要な建物などの査定も受けていない。ただ、周囲では一つ、また一つと、移転が決まった家の取り壊しが進む。「こういうの、プレッシャーっていうの」。淳子さんの顔色が曇る。

「移転が決まれば、この柿の木も切らにゃいかん、ハウスも壊さないかん」。干し柿作りはどうなるのか――。尋ねると、語気を強めた。「ここで頑張れるはずないでしょ。もう、その段階じゃない」。そして「今年が最後かもしらん」と漏らした。

悩みは、市田柿作りの輪にいた別の女性も抱えていた。

リニア県内駅と周辺整備　長野県駅(仮称)は飯田市上郷飯沼・座光寺地区に建設予定。これに伴い市が周辺の約６・５ヘクタールを駅前空間として整備する。市が２０１９年度にまとめた基本設計によると、駐車場や広場、伊那谷の魅力の発信施設に加え、駅舎前などに木製の「大屋根」を設置する計画。市リニア用地課によると、リニア本線と駅周辺、アクセス道路整備に伴う市内の移転対象は計約１９０世帯で、このうち駅周辺整備分は約40世帯。

思い出のわが家から2度の移転

木々の緑色と茶色、空の青色。流れる清流は濃い青緑色。キャンバスに絵の具を塗り重ねた筆の跡が残る。

上郷飯沼北条地区で１人暮らしの久保ミキ子さん(80)は、１枚の油彩画を大切にする。２０１６年に亡くなった夫の次男《つぎお》さんが描いた風景画だ。自宅の玄関を入って左、次男さんが立ち上げた警備会社の事務所にしていた部屋で、洋服棚の上に飾る。

「私は山育ちで、ふるさとを思い出すもんでな」。絵の題材は駒ケ根の山々だというが、久保さんはこの絵を見ると、故郷の飯田市南信濃八重河内《やえごうち》を追想する。現在の自宅から車で約1時間。「遠山郷」と呼ばれる深い山里だ。

ただ、生家はもう無い。飯田市と浜松市を結ぶ延長約100キロの高規格幹線道路「三遠南信道《さんえんなんしんどう》」の既存の道路を活用する区間として、07年度に事業着手した国道152号「小嵐《こおろし》バイパス」の整備に伴い取り壊された。

そして今。遠山郷から移り住み、「第二のふるさと」となった上郷飯沼で、1985(昭和60)年に建てた自宅を再び失おうとしている。リニアの県内駅周辺整備の予定地に当たるためだ。「駐車場になるって聞いとるよ」とつぶやく。

三遠南信道とリニアという大型事業に、暮らした家が2度もぶつかる偶然。「しょうない。運がわりい」。記者が初めてその言葉を聞いたのは、久保さんが特産の干し柿「市田柿」を近所の人らと作っている作業の場だった。その後も顔を合わせるたびに久保さんは、同じ言葉を口にした。

記者が自宅を訪ねた時も、久保さんは柔和な表情で同じ言葉を発した。でも本当に「しょうがない」の一言で片付けられるのでしょうか――。一対一で向き合って問い掛けた。「やり切れない思いだね。(用地交渉を担う)市の職員にも、本当はもっといろいろ聞いてほしかった」。薄暗い明かりの下で、目元を少しすぼめるような顔をした。

久保さんは3人姉妹の末っ子で、遠山中学校を卒業して愛知県の製糸工場に集団就職した。61年に次男さんと結婚。娘2人が幼い頃には一時、生家で両親を含め6人で暮らした。幼少期、すいとんに似た郷土料理「おつめり」をいろりで囲んだこと、目の前の小嵐川で娘たちとカジカやアメ(アマゴ)

を取ったこと――。記憶は今も鮮やかだ。
その後、飯田市街地の別の場所に移り、上郷飯沼に自宅を構えたのは85年だった。ハム製造会社に勤め、仕事の後に孫をおぶって子守りをした。地元の民謡教室に通い、退職後は近所で市田柿作りに加わって親しい友人ができた。「ほんっとな、ここにはいい思い出があるんな」

記者は21年暮れ、久保さんの生家があった八重河内を訪れた。小嵐川に架かる小さな橋に立って上流を見ると、山並みと清流の構図が、次男さんの油彩画にそっくりだった。新たに目の前にできた小嵐バイパスの大きな橋を除けば。
リニアもまた、上郷飯沼の風景を変えていく。久保さんは22年5月、下伊那郡喬木《たかぎ》村に引っ越す予定だ。娘夫婦の家の隣で平屋に暮らす。今の自宅より狭くなるため、持ち込める家財は限られる。でも「これだけは持っていく」。次男さんの絵を見上げた。

リニア関連の用地交渉　リニア中央新幹線は、北陸新幹線（長野経由）などの整備新幹線と同じく全国新幹線鉄道整備法（全幹法）に基づき建設する。同法は、地方自治体が「建設に要する土地の取得のあっせんその他必要な措置を講ずるよう努める」と規定。このため県内の駅やルートの用地交渉は、飯田市内を市が、その他の町村部は県が、事業主体のＪＲ東海から受託している。用地取得事務に必要な人件費などの経費はＪＲが負担する。一方、市が計画する駅の周辺整備は市が、駅のアクセス道となる県管理道路の改良は県が、それぞれ自前で用地交渉などを進めている。

建て替え中だった家も

着工から半年。建て替えていた自宅は外装工事にめどが付き、いよいよ内装工事というところだった。家の南側にリニアの駅ができる――。そのニュースに上郷飯沼北条地区の農業、竹内宏之さん(68)は言葉を失った。

2013年9月18日、JR東海は東京・品川―名古屋間の沿線7都県の詳しい路線と、静岡を除く6都県に設ける駅の位置を明らかにした。建設事業が環境に及ぼす影響について調査・予測・評価し、環境に配慮するための環境影響評価(アセスメント)の手続きの一つだった。

「なんでここなの」。頭が真っ白になった。先祖が江戸時代には住んでいた土地。伊那谷で大雨による大きな被害が出た1961(昭和36)年の三六《さぶろく》災害を乗り越えた旧宅は、老朽化が進んでいた。同じ場所に建て替えたのは「住み慣れた土地で暮らしたい」との思いだけだった。

最初、リニアが飯田下伊那地方を通ると聞いた時は、自分に関係のあることとは思わず、関心は低かった。JR東海が2011年に直径5キロ円の中間駅位置案を示した時は、上郷飯沼が円の外側に近く、駅は飯田市座光寺か隣の「(下伊那郡)高森町にできる」と考えていた。

駅位置の公表後、市が周辺に広場や駐車場を整備する構想が浮上。竹内さん所有の自宅や田畑、アパートなど約5000平方メートルは予定地に含まれた。「駅位置の発表がもう半年早ければ、建て替えなんだに」。ついのすみかにと思って建てたわが家は、できた時から「仮住まい」になった。

駅がこの場所になったのは、遺跡を避けるためと聞いた。途中まで座光寺付近で調整が進んでいたが、座光寺にある7～10世紀の役所跡「恒川官衙《ごんがかんが》遺跡」を国史跡に指定する話が持ち上がった。実際、駅位置の公表後に指定された。「遺跡は大事。でも今の暮らしの方が少しは大事では」。竹内さんの「なぜ」との思いは消えない。

リニア建設事業は用地交渉がまとまらない場合、国や自治体が公共事業予定地を強制的に取得、使用する手続きを定めた土地収用法の適用対象になる。だったら「早くけりをつけたい」。わだかまりは今も解けないが、「諦め、だよね」

21年12月25日、竹内さんは自宅前の農業用ハウスで正月飾りの「おやす」を作っていた。わら束から数本ずつ引き抜き、重ねては曲げ、重ねては曲げして神様に供える食器を形作る。農業を代々続けてきた家で、父親が作るのを見て覚えた。玄関や、庭の氏神様のほこらに飾った。

竹内さんも地元の農協に定年まで勤めながら、兼業農家としてコメや市田柿を育ててきた。冬は柿の枝切り、春になれば野菜の種まきや稲の育苗が始まる。田植え、草取り、収穫の秋。その田畑もすべて、広場や駐車場になる。

用地の話し合いが決着すれば、代わりとなる座光寺の土地に移る予定でいる。規模は小さくなるが、土に触れる生活は続けたい。「農業、好きなんだよね」。農の営みを見守ってきた氏神様も、庭の池の水神様も、一緒に引っ越すつもりだ。

土地収用法　公共事業などの予定地を強制的に取得したり、使用したりする手続きを定めた法律。道路や学校、公園、鉄道などが対象になる。事業者と地権者の折り合いがつかない場合、事業者は国か県に事業認定を申請。公益性などが認められれば、事業者は都道府県の収用委員会に裁決を求める。収用委は当事者の意見を聞き、補償金額などを決める。飯田市でリニア関連用地の取得交渉を担う市リニア用地課は「今の段階では土地収用をするつもりはない」とし、地権者との任意の話し合いで理解を得る考え。

地域で汗を流し、育んだ絆が

「イヤーアー　奥山の大木が　里へ下《くだ》りて　神となーる　よーいさー」

空が晴れ渡った2022年1月1日午前。上郷飯沼にある約300段の長い石段で知られる飯沼諏訪神社の境内に、男性たちの「木遣《や》り唄」が響いた。

恒例の元旦祭で木遣りを奉納したのは、地元の住民らでつくる保存会の20人ほど。副会長の宮下泰広さん(68)が背丈ほどもあるおんべを手に、抑揚を付けた伸びやかな節回しを披露すると、居並ぶ男衆が「よーいしょれー」と掛け声を上げた。

今年は7年目に1度の「式年御柱大祭」の年だ。「心残りないよう、最後まで頑張りたい」。木遣り衆として迎える4度目の祭りに向けて意気込む宮下さんには、もう一つの覚悟がある。今回が神社の「氏子」として臨む最後の舞台になるだろうからだ。

妻や長男夫婦と4人暮らしの宮下さんの自宅は神社の700メートルほど北東、県道市場桜町線沿いにある。すぐ北側にリニアの県内駅が計画されたのに伴い、自宅敷地は駅へのアクセス道となる県道の拡幅と駅周辺整備に当たった。市から移転を求められ、交渉を進めている。用地補償の契約を結ぶのを前に、移転の「覚悟はしている」と宮下さん。上郷飯沼の中でも、長女一家が暮らす南条地区に住宅を建てて、来年の春には引っ越せないかと考えている。

飯沼諏訪神社の境内で，仲間と笑顔で話す宮下さん(中央)．元旦祭の「木遣り唄」が始まる．2022 年 1 月 1 日，飯田市上郷飯沼．

神社の氏子は上郷飯沼のうち飯沼南、丹保、宮下さんが暮らす北条の3地区の住民。南条に住めば氏子から外れる。大祭は上郷地区全体の祭りに位置付けられ、氏子でなくても参加できる。でも二年参りで毎年欠かさず約300段の石段を上ってきた宮下さんにとっては心持ちが違う。今回の木遣りは「複雑な思いでうたうでしょうね」

宮下さんは下伊那郡泰阜《やすおか》村の出身。19歳で母親と今の土地に来た。20代の頃、地元の自治組織で体育部員を務めたことがあった。勤めていた電子部品製造会社の仕事の忙しさを理由に、会合にはほとんど参加しなかった。そして迎えた上郷地区の運動会。周りから声を掛けられず、体育部員の選手誘導の仕事も何をすればいいか分からなかった。昼食は地元の輪に加われなかった。

「つらかった。地域との向き合い方を反省した」。その後は地域に溶けこもうと、獅子舞などの活動に積極的に参加した。木遣りに加わったのは51歳の時。御柱の里曳《び》きで初めて道中唄を披露した。「皆さーまー、お願いだー」。唄に導かれ曳き手が御柱を3メートルほど引っ張った時、「自分も仲間に入れたんだなあ」という一体感に包まれた。

21年12月17日の夜。木遣りの練習を終えた宮下さんと北条地区の後輩ら5人が、地元集会所で酒を酌み交わした。「唄のうまい下手じゃない。心がどれだけ届くかだよ」。声を出すこつに加え、宮下さんは心構えを熱心に伝えた。

夜が更ける。お開きが近づいた頃、ほろ酔いの宮下さんがぽつりと漏らした。「外から来た者として引け目があるんだよ。でもね、本当にいい仲間に恵まれた」。小さく、何度もうなずいた。

4月の大祭まであと少し。一方で、移転をめぐり割り切れない思いがまだあった。

用地補償の流れ　まず対象となる土地の面積を測量し、建物の構造や材質、面積などを調査。測量や調査の結果は、土地や建物の権利者が確認する。補償金額は、国の「公共用地の取得に伴う損失補償基準」に基づいて算定。補償内容や金額についての説明を、権利者が了承すれば契約を結ぶことになる。家財道具の運搬や店舗・工場などの移転に伴う休業にも補償がある。

移転補償交渉、眠れぬ日々

目が覚めると、寝る前にともした室内灯のオレンジ色の明かりが、和風の部屋をぼんやりと照らしていた。午前3時半。自宅移転をめぐるもやもやが頭に浮かんだ。この日もまた、安眠できなかった。

宮下さんは、２０２１年9月ごろから未明に目覚めてしまう日が増えた。自宅北側にリニアの駅が計画され、土地は駅周辺整備と駅へのアクセス道路となる県道市場桜町線の拡幅に当たった。移転に伴う補償の話し合いが市との間で続いていた。

心の重さにどう向き合えばいいのか。羽毛布団にくるまって思いをめぐらせた。よぎった言葉を忘れないよう、枕元のスマートフォンをつかむ。午前5時48分、私用のメールアドレスから仕事用のアドレスへ、送信ボタンを押した。

「ストレスとは自分の心を変えるのではなく相手がそっと寄り添ってきてくれることが大事」

「寄り添った対応に努めてまいります」。宮下さんはこれまで何度も、交渉を担う市職員からその言葉を聞いた。「そうであってほしい」と期待した。ただ、双方の思いは擦れ違った。

20年ごろだった。職員から建物補償の基礎資料となる図面を渡され「落ち度があれば言ってください」と伝えられた。後で図面を見ると、リビングの棚や階段下の収納などが抜け落ちていた。

適切に補償額を算定するため、複数の業者から見積もりを取って比べることを以前、市に提案したが、「プロが見ますので」と断られた。それなのに渡された図面は「見逃されたことが多かった」。「寄り添う」と言うのなら、図面に漏れがないか、自分と一緒に家の中を回って確認してもいいのではないか――。

09年に建て替えた木造2階建ての家。建築が始まってからも内装を変更するなど細部にこだわった。妻や長男夫婦とずっと住めると思っていた。移転については補償額の多い、少ないを問題にしているのではない。大切な家だからこそ、細かい部分まで「道理を通したい」。そう思ってこだわるほどに、補償の交渉には時間がかかった。

周りでは補償契約を結んだ家が次々に移転し、家屋の解体が進む。交渉が長引く自分を周囲の人々がどう見ているのか、想像する。「相手をゆすっているんじゃないか」「えり好みせず代替地に行けばいいじゃないか」――。実際には言われたことのない言葉が勝手に頭に浮かび、「自分は悪いことをしているんじゃないか」と悩む。

宮下さんは日本スポーツクラブ協会(東京)の中高老年期運動指導士の資格を持ち、脳を活性化させる「活脳体操」を各地でお年寄りに教えている。そこで「笑ってストレスを発散し、健康に暮らすことの大切さ」を説いている自分が今、眠れない日を重ねる。「笑えばいいんだよって講演している自分がね」。弱々しい苦笑いしかできない。

リニアが開通すれば東京や名古屋が近くなる。未来の子どもたちが都市部への通勤、通学に利用できるかもしれない。地域の発展を期待している。でも今は、「犠牲者という思いが強い」

建物などの補償金額の決め方　専門の業者が建物の建築経過年数や配置、用途、構造、敷地の利用状況などを調査。同じ程度の建物の再建築や曳家《ひきや》(建物をそのままの状態で移動する工法)といった合理的な移転方法を決め、必要な費用を算定して補償する。門や塀、庭木の樹種や本数なども調べ、移転や伐採の経費、同程度の物を造る費用を支払う。

住宅再建、足りぬ移転補償

「物件補償内容」と書かれた1枚の紙。移転交渉を担う自治体職員から２０２０年の日付が入った文書を受け取り、男性は見入った。「土地も買うとなると、ちょっとこの金額じゃあ……。今と同じ規模の家は建てられんな」。頭の中で計算した。「また借金か」。勤め先の定年まであと数年。落胆が込み上げた。

男性の自宅は、上郷飯沼・座光寺に県内駅ができるリニアの整備に関連し、移転を迫られた。どのくらい補償が出るのか。建物の経過年数や構造、庭木の本数などを調べて概算の移転補償費を算出してもらった。

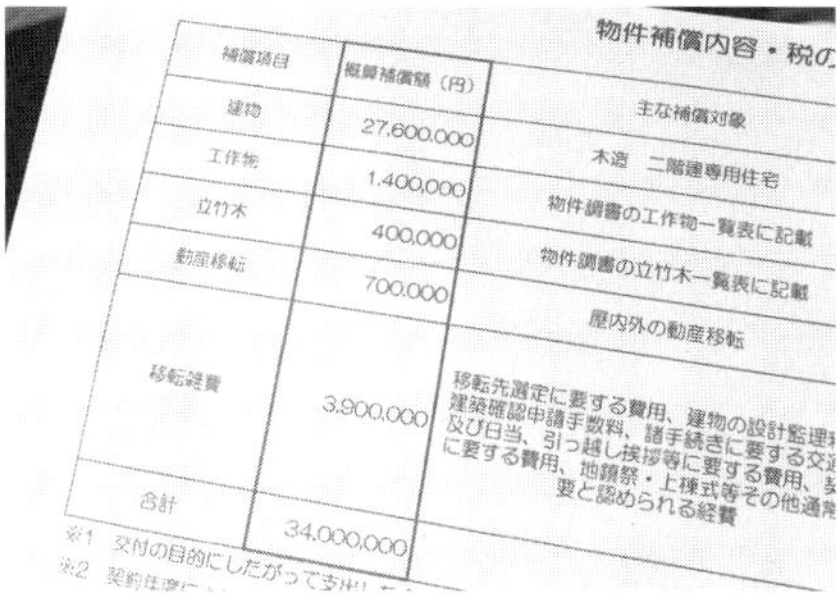

示された概算補償額は合計 3400 万円．自宅の移転を迫られた男性は，再びローンの返済に追われる．

「建物２７６０万円」「工作物１４０万円」「立竹木40万円」「動産移転70万円」「移転雑費３９０万円」——。合計３４００万円は、男性の想像を下回った。

家族で食卓を囲み、テレビを見て、日常を重ねてきた木造2階建ての自宅。住宅ローンが５００万円ほど残っていた。建物の補償額には移転前の自宅の解体費も含まれており、その分は使えない。一方、新たな家を建てるには用地費を除いて３５００万円前後は要る。預金をある程度残すことを想定すると、これから３０００～３５００万円のローンを組む必要があった。

少しでも補償費を上乗せできる部分はないか。「移転雑費」の対象には、移転先選定の費用、建物の設計監理料、引っ越しあいさつ、地鎮祭などの経費も含まれていた。それでも、と思って自宅のテーブルで向き合った職員に掛け合った。「そうはいっても移動するんだで、色を付けてくれれんと納得できん」

職員の答えは「お一人だけ上乗せしてというわけには……」。やんわり拒絶された。周囲の人が同じ対応で納得したのなら、「仕方ねえなあ」と思うしかなかった。その後、正式な補償額を提示され、契約した。「ローン地獄ですよ」。男性は漏らす。

リニア駅建設と道路を含む周辺整備で移転するのは約190世帯。話を聞くと、移転補償費への不満の声も目立った。それなのに周囲からは「良かったなあ、お金が入るで」と言われて困る——と嘆く。

市リニア用地課によると、建物の価値は新築時から年々減少する。補償は、現在の物価で同じ建物を建てた場合の費用に、経過年数を考慮して支払う。一方、市内に事務所がある不動産鑑定士、寺沢秀文さん(68)によると、土地の補償はバブル期のように地価が上昇する局面であれば、当初の購入額を補償費が上回ることもある。ただ、リニア駅予定地に近い上郷飯沼の住宅地の公示地価は、1平方メートル当たり2万9300円で2016年から横ばい。1998年の5万1000円と比べると、6割弱に下落した。

男性が新たなローンの返済を終えるのは、20年後の予定。それまで月に12～15万円を家族で返していくことになる。自分の退職金や年金の一部も返済に充てて、定年後も再雇用か別の職を探すか、何らかの形で働かなければならないだろう。

リニアが飯田下伊那地方を通ると知り、最初は「地域が栄える」と期待した。そのリニアが理由で多額の借金を抱えることになり、迎えた新しい年。「なるようにしかならないら」。仕事始めを前にした夜、そうつぶやいた。

> **土地の補償金額の決め方**　用地取得が必要な一帯のうち、土地の使い方が同じだったり似通ったりしている一定の地域の範囲を定め、その中で代表的な土地を「標準地」として決定。標準地の価格は、一般的な取引価格や公示地価、基準地価を踏まえ、不動産鑑定士が出した評価額を参考に決める。その上で個々の土地の補償金額は、標準地と比べて立地や形などを加味して求める。標準地の価格は、地元の地権者でつくる「用地関係者組合」に説明するのみで一般には公表していない。

「移転の寂しさはあるけれど」

穏やかな陽気が続いた新春の飯田市座光寺。御開帳の年を迎え、初詣客でにぎわった元善光寺の近くの民家に、「湘南」ナンバーのセダンが1台止まっていた。

神奈川県茅ケ崎市の宮沢英和さん(74)は2021年暮れ、ここの妻の実家に車で帰省した。圏央道と中央道を使って片道4～5時間。「年を取って運転は疲れを感じる。リニアなら乗っていればすぐ到着するから、はるかに楽ですよね」。リニアの県内駅は、上郷飯沼・座光寺に計画されている。東京・品川から45分ほど、相模原市の神奈川県駅からだと、さらに短くなる。

飯田下伊那地方でも多くの人が新型コロナウイルス感染への対策をしつつ、久しぶりに実家で過ごしたこの年末年始。飯田市街地では「多摩」「春日部」「名古屋」など県外ナンバーの自家用車が行き交い、新宿から片道4時間余り走ってきた高速バスが、帰省客を運んだ。

それは、飯伊(飯田下伊那)地方を離れて県外で生活する人、地元で家族の帰りを待つ人らが、大都市圏との距離を改めて実感する季節でもある。

上郷飯沼北条地区に暮らした1級建築士の男性(67)は21年11月、約500メートル離れた場所に平屋の新居を建てて妻(63)と引っ越した。旧宅が、リニア県内駅周辺整備の用地に当たったためだ。男性は地元の出身で、高校の同級生には東京や名古屋市で暮らす仲間も多い。年齢を重ねて酒席で再会すると、実家の親の体調が万全でなく、時々帰っている——と聞くことが増えた。

男性の家族も、長女(38)は東京都世田谷区で、長男(36)はさいたま市で生活している。自分に万一、事故や病気があった場合、長時間かけて飯田まで来てもらうのは気兼ねして「連絡をためらうだろう」。それが、リニアができれば品川から1時間も要しない。「気軽に行き来できる」と思う。

車で2時間ほどの名古屋へも、リニアなら25分ほど。大都市圏との時間距離が近くなることへの期待は、県内駅や周辺整備で計約190世帯の移転が必要になる一帯を歩いても、時折聞かれる。「この辺では、家族の誰かが東京や名古屋で暮らしているという家が多いのではないかな」。そう話す人もいる。

「寂しさはあるけれど、父親の仕事の都合で子どもの頃から引っ越しの経験が多かったので、慣れています。リニアには発展の起爆剤になってほしい」。1級建築士の男性に、自ら設計した自宅を離れる思いを記者が尋ねると、そう返ってきた。旧宅は取り壊し、今はコンクリートの基礎だけが残る。

転居後は解体作業で周囲に迷惑を掛けていないかと、毎朝のように夫婦で散歩に立ち寄った。

21年12月14日の早朝、記者は現地で2人を待ってみた。東の山際が白み始めた午前6時、ダウンジャケットにニット帽、手袋で防寒した夫婦が足を止めた。「きれいに片付けてくれている」。解体作業の手際に安心した様子だ。

「景色が違うね」「ここまで来ると人の土地みたい」。ふたご座流星群の流れ星が輝く下、懐中電灯を足元に向けて言葉少なに語り合う2人。長年過ごした自宅への思いが、にじんで見えた。

リニア中央新幹線の経済効果　県は2013年にまとめた新総合交通ビジョンで、リニア県内駅の乗降者数を1日約6800人と推計。リニアを利用して県内と県外を行き来する場合の「時間短縮便益」(既存の交通手段に比べ短縮した移動時間を貨幣価値に換算)は年間約110億円と見込んだ。15年に発表した経済波及効果の推計では、リニアを利用して県内を訪れる旅客数(交流人口)が、誘客策を講じれば1日5300人に上ると算定。この時の利用者による県内消費の波及効果は年間336億円とした。

「召集令状が届いたんな」

部屋に日が差し込むと、額に刻まれたしわの陰影が一段と濃くなった。あぐらをかいた脚を組み直し、正座する。「聞けば回答は来るが、そうでないと何も来ない。分からないことばかりです」。上郷飯沼北条地区の熊谷清人さん(81)は、リニア計画をめぐり、事業主体のJR東海や用地交渉に当たる

リニア計画に納得できずに集まった地権者ら．熊谷さん(右から2人目)が呼び掛け人の1人になった．2021年12月15日，飯田市上郷飯沼．

飯田市の姿勢に不満をぶちまけた。

熊谷さんは自宅などの所有地がリニア本線や駅周辺整備に該当する。市職員と用地の話はするものの、補償に必要な査定は受けていない。同様に計画に納得していない地権者ら14人が2021年12月15日、熊谷さん宅の離れに集まっていた。

「補償がびっくりするくらい安い」「地域の絆が壊される」——。他の住民の声に、集まりを呼び掛けた一人の熊谷さんは、じっと耳を傾けた。この日集った面々が「リニアから自然と生活環境を守る沿線住民の会」を立ち上げ、市や県と用地交渉する住民の相談に乗ろうと決めた。

少なくとも江戸時代からこの地に暮らし、それから数えて5代目という熊谷さん。そもそもリニアの路線がなぜここに引かれたのか、JR東海の説明は最初から十分でないと感じていた。問い合わせてようやく、同市座光寺の役所跡「恒川官衙遺跡」(国史跡)などを避けた——と回答があった。

全国新幹線鉄道整備法(全幹法)に基づくリニア計画には、政府が財政投融資を活用して3兆円を貸し出す。ただ、「国策」事業であっても、国や大企業に従っておけば必ずうまくいく——というわけではないと熊谷さんは考える。「家や土地を買収するなら、きちんと説明するべきだ」。積極的な説明や理解してほしいという姿勢がないまま、計画は進んでいるように映る。

「召集令状が届いたんな」。熊谷さんは幼い頃、父親の正義さんが赤紙一枚で呼び出されたのを思い出す。1945(昭和20)年の終戦直前、物資を運ぶ船に乗っていた際、青森県尻屋崎沖で爆撃に遭い亡くなったと聞いている。「おふくろが部屋で一人泣きしていた」と振り返る。

残された兄妹の長男。下伊那農業高校(飯田市)卒業後、61年に伊那谷を襲った「三六災害」では重機を操縦して復旧に携わった。その後、小型建設機械の販売などを手掛ける会社を設立。父親の代わりに家を守ってきた自負がある。「それは半端な苦労じゃなかったに」と話す。

それが今度は、国家的プロジェクトとして突然持ち上がったリニア計画により、守ってきた家から移転を迫られている。「国なるものは、どうあれば一番いいのか知らんけれども……」。気持ちを示せる表現を見つけようと、もがくように言葉を探す。戦争で父親を奪われた経験が、自分の問題意識の「後ろにあるな、やっぱり」

リニアをめぐる疑問は、胸にたくさん抱えている。開業で地域は本当に発展するのか。新型コロナウイルス流行の影響で交通機関の利用者が減る中、乗客は見込めるのか。トンネル掘削はもっと地質学者の意見を聞くべきではないのか——。『「公共事業」なんだから、もう少し念入りに話をしてもいいと思うんだわ」

リニア事業への3兆円融資　政府は2016～17年、国の資金を民間銀行より大幅に低い金利で貸す財政投融資を活用し、鉄道建設・運輸施設整備支援機構を通じてJR東海に計3兆円を融資した。J

R東海が従来計画で45年としていたリニア中央新幹線の大阪延伸開業の前倒しを後押しする狙い。利率は0・6〜1・0%で、返済方法は約30年間の元本据え置き後、約10年の元金均等返済。政府は独立行政法人の同機構がJR東海に融資できるようにするため、法律を改正した。

板挟みになる用地交渉の市職員

「楽にして」。地権者の男性に促され、長机の前で畳に足を崩す。会話の後、訪れた2人のうち上司が切り出した。「できることからやらせていただけないでしょうか」

2人は飯田市リニア推進部の職員。男性は、リニアの県内駅に関する整備で移転対象となった熊谷清人さんだ。2021年12月上旬のこの日まで、職員は少なくとも月に1、2回は熊谷さん宅を訪問。補償に必要な建物などの調査には入れないでいた。

移転後の生活再建を支援する。だから物件調査に入らせてほしい——。職員はそう伝えた。「踏み切れないね」と熊谷さん。話し合いは約1時間半、平行線だった。

県内のリニア関連工事のうち本線の用地交渉は、飯田市内分を市が、町村部を県が、それぞれJR東海から受託する。市は駅周辺整備分を含めて交渉を担う。リニア推進部で業務を担当するリニア用地課の職員は14人（現地事務所を除く）。小倉博明課長（54）と代替地整備を担う職員3人を除き、10人が2、3人ずつ4班態勢で当たる。

係長級の職員は5人。同規模の他の課と比べて多い。肩書に「『長』が付くと信頼感が違う」（リニア推進部）との理由からだ。地権者との人間関係をつくろうとさまざまな工夫もする。「久保さん、食べたいら」。北条地区に暮らす久保ミキ子さんは、自身の出身地・南信濃八重河内と同じ「遠山郷」と呼ばれる地域出身の職員から、同市上村下栗の伝統野菜「下栗いも」を手土産にもらったことがある。

長年暮らした土地から移るよう住民に求める役どころになる。「おまえらに移転する気持ちが分かるか」。そんな厳しい言葉を掛けられることも多い。「夜、眠れない」「朝、仕事に行くのが嫌だ」という職員も「何人かいる」とリニア用地課。庁内では「正直、一番行きたくない部署」とささやく声も聞かれる。

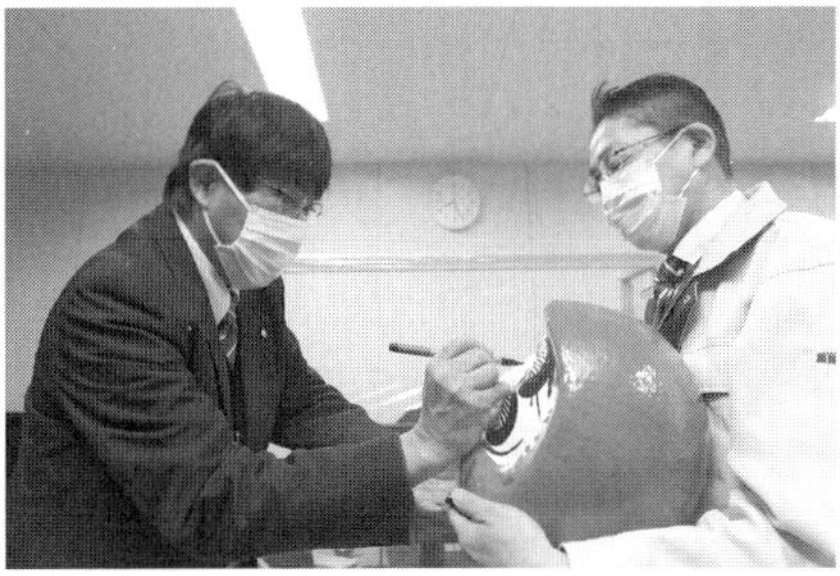

仕事始めの１月４日，だるまの目入れをする細田部長（左）．職員と家族の健康を祈った．飯田市役所．

リニア計画は、民間企業であるＪＲ東海の事業。そのための用地交渉を県や市が代わりに担うのは、全国新幹線鉄道整備法（全幹法）の規定に根拠がある。同法に基づく新幹線建設で、地方自治体は「土地の取得のあっせんその他必要な措置を講ずるよう努める」とうたわれている。

これまで全幹法に基づく整備新幹線の建設主体は鉄道建設・運輸施設整備支援機構で、建設費には沿線自治体の負担もあった。完成後はＪＲ各社が線路の「貸付料」を機構に支払い、次の整備財源の一部になった。一方、リニアは財源も収益もＪＲ東海の責任だ。こうした経緯から「用地交渉を一生懸命やってリニアができても、収益は全部Ｊ

Rに行く」と戸惑う職員もいる。「全幹法がなければ……」。続く言葉はのみ込んだ。

年が明けて1月4日、市役所のリニア推進部で、恒例のだるまの目入れがあった。祈願するのは職員と家族の健康。用地交渉の進展ではないのか――と記者が問うと、細田仁部長(59)は答えた。「(移転で)迷惑を掛ける地域の人たちがいるのに、とてもとても……」。地域住民に寄り添う市職員の責任と、JR東海の国家的プロジェクトを手伝う立場。その板挟みのせいか、新年の願いが遠慮気味に聞こえた。

自治体のリニア用地取得事務　県と飯田市は2015年、それぞれJR東海と用地取得事務の受託協定を締結。飯田市は市内の関連用地を、県は下伊那郡大鹿村、豊丘村、喬木村、阿智村、木曽郡南木曽《なぎそ》町の用地を担当する。地権者数は当初想定で県と市の担当分が各200人程度。関連事務の人件費や不動産鑑定費などの経費はすべて同社の負担で、20年度までの6年間で県分は3億7100万円、市分は3億4900万円だった。県の用地取得率は21年11月時点で約7割。市は明らかにしていない。業務が当初予定よりずれ込み、県と市はともに22年3月末までだった協定期間を24年3月末までに延長した。県は2度目の延長となった。

〈歩いた記者は〉――説明責任感じた「ずれ」

一帯を歩くと、地図にあるいくつかの家が、建物が、無い。第1部を担当した記者2人はともにかつて飯田支社で勤務し、土地勘があった。リニアの県内駅建設に伴う移転で、地図が書き換えられるのを感じた。

移転を迫られる人たちの声を聞くため、上郷飯沼・座光寺の県内駅予定地周辺を歩きだしたのは21年秋。自宅や職場を訪ね、飯田下伊那地方特産の干し柿「市田柿」を作る輪に飛び込んで柿の入った籠を運び、片付けを手伝いながら話を聞いた。

住民の気持ちは複雑だった。当初は話をしてくれたものの、より深く尋ねようとすると「もう終わったこと。記事になっても何も変わらんら」と拒む人がいた。現実を伝えたい、心を込めて記事を書きたいと頭を下げた。補償の書類を広げてくれた人は、周囲の目を気にしつつ匿名で記事化を理解してくれた。

そんな中で「本当はもっといろいろ聞いてほしかった」との言葉を聞いた。久保ミキ子さんだ。かつて生家が三遠南信道の現道活用区間の国道152号「小嵐バイパス」整備に伴い解体。リニアで「わが家」を再び失う。

久保さんは、生家での思い出や来し方を語ってくれた。移転の不安を話せる場が無いとも言った。「自分の声なんか」。そんな思いから、小さな声をしまい込んでいた。

リニア計画は多くの人に移転を強い、人生を変える。用地交渉がまとまらない場合、強制的に取得、使用する手続きを定めた土地収用法の適用対象になる。全国新幹線鉄道整備法(全幹法)に基づく事業で、用地交渉は県や市の職員が担う。民間企業のＪＲ東海がこうした支援を受けられるのは、この事業に高い公共性があるとされるからだ。

ただ、移転を迫られる人たちの声を聞くと、公共性とセットであるはずの情報公開や説明責任は十分に果たされていないと感じる。そもそも沿線各県で移転対象となる住宅や事業所の数を「概数や見込みでもいいので教えてほしい」とJR東海に求めても、広報部は「測量、設計が終わっていない」と明らかにしない。

「分からないことばかり」。自宅が移転対象の熊谷清人さんは、JR東海の説明に納得していない。

2021年12月22日、名古屋駅に直結した超高層ビル。金子慎JR東海社長の定例記者会見があった。関係記者クラブ加盟社の人数枠しか出席できない。長机を前にした地元記者ら20人ほどに交じり、取材班の記者は信濃毎日新聞名古屋支社長の代わりに座った。

金子社長は前日の21日、リニア南アルプストンネル静岡工区(静岡市)をめぐって斉藤鉄夫国土交通相から、大井川の水利用をめぐる地元の懸念を拭い去るよう口頭で指導を受けたばかりだった。

国交相はリニア建設に関し「公共性の極めて高い重要なプロジェクト。地域の理解と協力が何にもまして不可欠だ」と述べていた。記者は国交相の発言を引いて尋ねた。ではこれまで沿線地域に対する情報公開は十分だったか——。

金子社長は「いきなり全部、総括するのは難しい」としつつ、落ち着いた表情のまま答えた。「これまでも必要な情報は開示をして、地域の皆さんと共有すべきものは共有して理解を求めてきた」

歩いてきた現場の声と、ずれを感じた言葉だった。

(青木信之、小内翔一)

(2022年1月4〜13日=全10回)

「集落消滅」その後

飯田市のリニア長野県駅（仮称）の予定地周辺では、駅建設や周辺整備に伴う住宅や店舗の移転が続き、空き地がその後も増えている。市内の一般住宅の立ち退きは、対象となる約１９０世帯のうち約８割の移転先が決まった（２０２２年11月時点）。交渉が続く世帯もあり、同市上郷飯沼北条地区の熊谷淳子さん方では、22年の秋も市田柿作りの「柿すだれ」が揺れていた。

予定地一帯では、移転対象の店舗がリニア開業後に期待して、周辺に再出店する動きが出ている。一方で、今後数年にわたり工事車両が増えることを見越し、他の幹線道路沿いへ移る事業所もある。貴金属販売の一真堂（飯田市）は22年10月、駅予定地に近い座光寺店を閉店。静岡県に新たに2店舗を設ける。リニアが開業すれば、地元客が東京や名古屋まで出向いて貴金属を買い求めるようになり、売り上げが減少すると予測した。

移転対象にかからず今後も駅予定地近くに住み続けることになる女性（90）は、「歩いて買い物に行っていた店がなくなってしまった」と話す。ＪＲ東海は22年12月に駅の安全祈願・起工式を開いた。周辺整備も含め一帯ではこの先、何年も工事が続くことになる。

CLOSE UP

リニア工事住宅移転対象者アンケート——「あの家で死ぬと思ったが」

信濃毎日新聞は、リニア中央新幹線の長野県駅(仮称)や高架橋などの設置のため住宅移転を求められている飯田市と下伊那郡喬木村の住民を対象にしたアンケートをまとめた。回答した51人のうち、55%(28人)が補償額に納得していないと回答。おおむね納得している住民からも「仕方ないので、諦めた」とする声が目立った。「国策民営」の巨大プロジェクトを前に、不満を抱えながらも、苦渋の選択を余儀なくされている実態が浮かび上がった。

移転に際し不安に感じていることを聞いた設問でも、「補償額が不十分で今後の経済的負担が重くなる」が43%(22人)で最多。補償額の問題は将来の不安につながっていることもうかがわせた。JR東海や県、地元自治体による移転者への支援が求められる。

アンケートは2022年1~2月に実施。JR東海による駅や路線の建設のほか、市による駅周辺整備、県のアクセス道路整備といった関連事業も含め、立ち退きを求められる世帯を対象とした。旧住所別で、飯田市上郷飯沼地区33人、座光寺地区8人、喬木村阿島北地区10人の協力を得た。

補償額に関する質問で、「あまり納得していない」が最多の35%(18人)、「全く納得できない」が20%(10人)だったのに対し、「納得している」は8%(4人)にとどまり、「おおむね納得」は29%(15人)だった。

飯田市上郷飯沼、座光寺両地区では約190世帯が移転対象。喬木村内では企業などを含め約20軒が用地買収の対象となっている。

五十嵐敬喜・法政大学名誉教授(公共事業論)は、リニアは全国新幹線鉄道整備法が適用され公共事業扱いになり、民間事業では難しい強制収用が可能になるため、住民が不満を抱きながらも移転に応じていると指摘。個別交渉の結果、情報が錯綜して「住民同士が分断されている」ともみる。リニア工事をめぐる問題に詳しい関島保雄弁護士(東京、飯田市出身)は、駅周辺整備の範囲などについて「住民が納得できる計画になっていない」ことも不満や不安につながっているとみる。

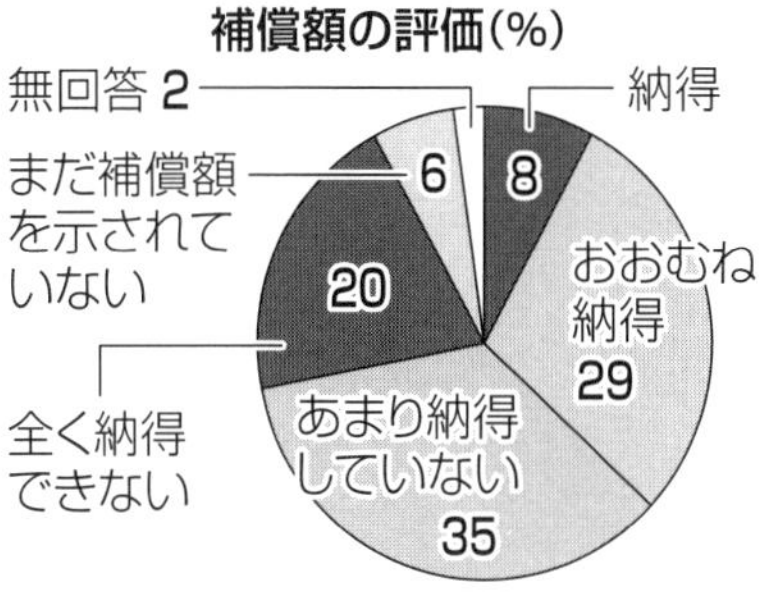

「あの家で死ぬと思った。静かでいい場所だったのに。切ない」。飯田市が造成した移転代替地(上郷飯沼)に21年11月に移り住んだ男性(78)はこう漏らした。持ち家と土地への補償費で新築した自宅は、かつて住んでいた家よりも狭くなった。

アンケートの回答者は取材に、さまざまな不安、やりきれない思いを打ち明けた。

リニア本線工事で移転する上郷飯沼地区の女性(64)は「補償額にはまったく納得できないが、仕方ないと思うしかない」と話す。補償費についての交渉は「ずっと平行線だった」と振り返る。「好きで出て行くわけではないのに…」。近隣の上郷黒田地区に移り住む予定だが「かかりつけ医が遠くなるし、公共交通の便も悪くなる。生活環境がだいぶ変わる」と懸念する。

同じく本線工事で立ち退きを余儀なくされた女性(82)は、上郷飯沼地区に持っていた別の土地に新たに家を建てたものの、旧宅より狭い。「なぜわざわざこんなに人家が多い場所に路線を通すのか」と疑問を抱いたこともあったが、今は「国策だから、いくら反対しても駄目。今さらどうしようもない」

本線工事で移転する男性(65)は、90代の母親と2人で暮らしている。「生活環境の変化で、高齢の母親が体調を崩さないか心配。引っ越しの作業も大変だ」と訴える。

下伊那郡喬木村で庭師4代目の湯沢直幸さん(49)は5月、妻の実家がある村内の別地区に移転する。近所のなじみの人は既に移転し、自身も地区を離れる実感が湧いてきた。消防団活動や伝統芸能の継承などを通して育んできた地域の絆。新しい地区にもなじむことができるか不安もあるが「気持ちを切り替えて頑張りたい」と話す。

「用地交渉の知識も技術もなく、大企業が相手では限界がある」。村内のある女性はそう訴えつつ「交渉というよりも、ただ受け入れるしかなかった」と声を落とした。「相談できる心強い味方がいなかった」と振り返る。

リニア県内駅と中央道座光寺スマートインターチェンジを結ぶ県道「座光寺上郷道路」の整備を受け、21年夏、長野市に引っ越した1人暮らしの女性(74)は、解体業者から更地になった旧宅の写真が届いた日は現実を受け止められず、何もする気が起きなかった。今でもアジサイやモミジなど庭先の豊かな自然に囲まれた座光寺地区での暮らしを思い出す。「リニア計画がなければ、今も飯田に住み続けていたはず」

住宅移転に際しての不安を聞いた質問で、43％(22人)で最多の「補償額が不十分で今後の経済的負担が重くなる」を選んだ人からは、「今住んでいる家のローンも残っている中で、新しい家を確保するお金も払わなければいけない」といった声が聞かれた。

地元の不動産鑑定士などによると、移転対象の土地価格は1990年前後のバブル期の6〜7割ほどに下落しており、自己評価と補償額の差に驚く人も多い。「今の家を建てた当時から、物価や税制が変わっている。同等の家を建てようと思っても何百万円も金額が違う」。上郷飯沼、座光寺地区内で土地を購入することを諦め、より安価な土地を求めて地区を去る人もいる。

他の回答では、「移転先に顔見知りが少なく、地域になじめない」「元の地域の人たちとのつながりが薄れる」がともに35％(18人)で、人間関係に関わる不安も目立った。「元の地域での行事が継続できない」が18％(9人)、「特に不安はない」が14％(7人)で続いた。

「移転先に顔見知りが少なく、地域になじめない」や「元の地域の人たちとのつながりが薄れる」を選んだ人からは「人間関係を一からつくり上げないといけない」「また『初めまして』からスタートするのは大変」といった声が複数聞かれた。

飯田市が造成した移転代替地に移住した人や、移住を予定している人からは「隣にどんな人が移り住んでくるか分からず、不安に感じる」「これまで住んでいた場所よりも家と家の間隔が狭く、圧迫感がある」との声もあった。

＊調査の方法＝22年1月下旬から2月にかけ、記者が移転対象者の自宅を訪問。アンケート用紙に回答を書き込んでもらったり、記者が聞き取ったりした。
＊回答者の内訳＝回答者は51人。年代(アンケート実施当時)は80代8人、70代11人、60代14人、50代11人、40代6人、30代1人。

(2022年3月5日掲載)

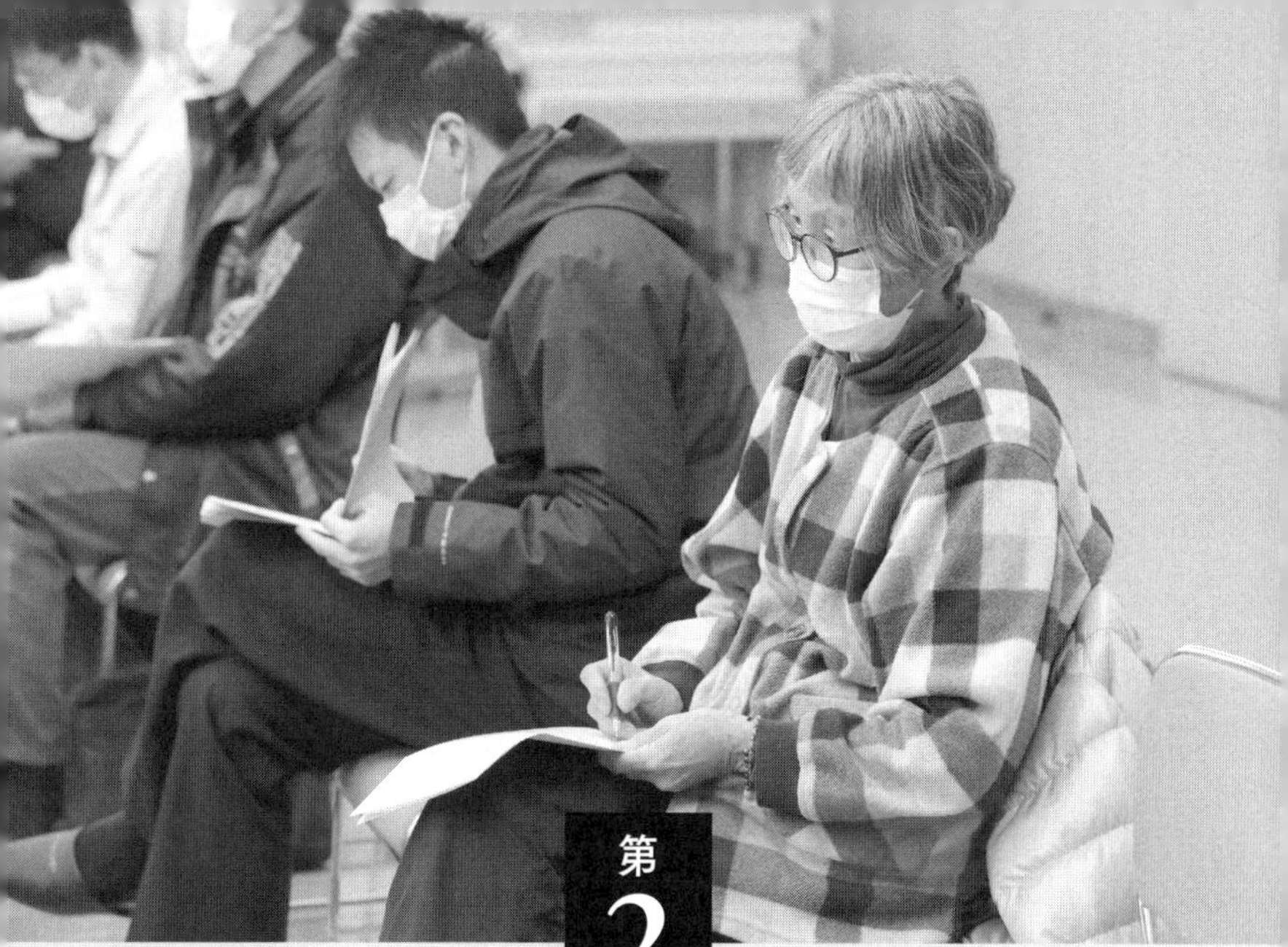

第2部

沈黙の谷

大鹿村リニア連絡協議会を傍聴する土屋道子さん(右).
出席者の発言は3人だけだった.
2021年12月15日，村交流センター.

２０１６年の着工から数年。大鹿村では隣の下伊那郡豊丘村までを結ぶ伊那山地トンネル（15・3キロ）で県内初の本線トンネル（本坑）の掘削も始まり、リニア工事が本格化している。かつて計画への賛否に揺れた大鹿村。その村を今歩いて感じるのは、奇妙な静けさだ。第２部は、人口１０００人に満たない村が巨大プロジェクトにどう向き合ってきたのかについて掘り下げる。

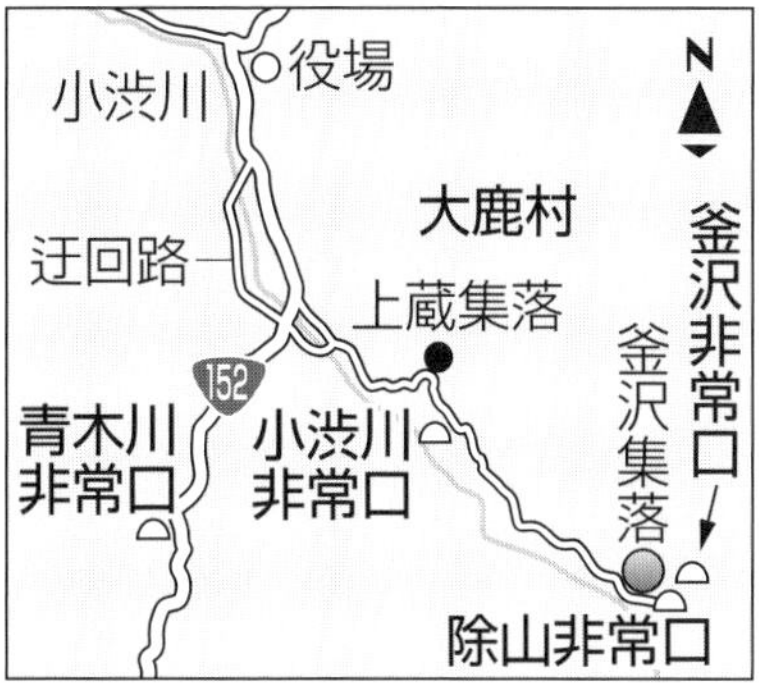

「もう、いろいろ言っても…」

静岡市と接し、南アルプス山麓の谷間にある下伊那郡大鹿村に、月が昇っていた。「なるべく短時間で済みますよう、ご協力お願いします」。村自治会長会の北沢健会長(70)は冒頭、新型コロナウイルス感染防止を念頭に呼び掛けた。それもあってか、会議は1時間足らずで終わった。

2021年12月15日、村交流センターで開いた3カ月に1度の村リニア連絡協議会。村内27の自治会長や村幹部、リニア中央新幹線を建設するJR東海の担当者ら50人ほどが出席した。JRの説明が大半で、南アルプストンネル長野工区(大鹿村―静岡市、8・4キロ)の掘削を26年度に終えるとする新たな工程も示した。

発言した出席者は3人。釜沢自治会長の中村政子さん(64)は、ヒ素やホウ素を基準値以上に含む「要対策土」が掘削で出た後の処理について尋ねた。下青木自治会長の岩本純一さん(75)は、リニア開通後の村の振興について話を始める必要を訴えた。

年明け以降、村内を走る工事関係のダンプカーが11月実績の1日297台から520台に増える点も報告され、村会議長の河本明代さん(64、3期目)は誘導員の新たな配置を要請した。ただ、それ以上の議論にはならなかった。

「質問する人が少なくなった」。協議会の傍聴を続ける青木地区の土屋道子さん(70)は言う。自治会長が発言した釜沢、青木地区は掘削中のトンネルの坑口(非常口)に近い。掘削で出た残土を運ぶダンプは、小渋《こしぶ》川左岸の迂回路から村外へ。小学校や保育所のある村中心部は川の右岸で、騒音や交通量といった工事の影響は共有されにくい。

5年余り前、工事が始まる直前は違った。同じ交流センターで16年9月に開いた村民対象の工事説明会は集まった約130人から質問が続き、約3時間半に及んだ。「住民理解が得られていないのではないか」との声が噴出した。

工事の騒音、地下水や川、生態系への影響、迂回路ができるまで多くのダンプが走る不安、大量の残土の処分場所——。課題は多かった。翌10月の説明会にも約70人が出席。この日も約3時間半にわたった。翌11月の起工式では、反対する住民が会場の外でマイクを握って抗議を続けた。

その抗議の列に土屋さんはいた。40年余り前、今は亡き夫と東京から移住。経験のなかった畜産で暮らしてきた。坑口の一つは自宅や牧場の近く。使っている湧水が枯れないか、裏山にできる送電線の電磁波の影響はないか。「自分たちの生活を奪われたくはない」との思いだった。

着工後、広く村民がリニアについて話し合い、声を出す場は減った。村と下伊那郡松川町の街場を結ぶ県道松川インター大鹿線が残土運搬のため改良され、20~30分で行けるようになった。「道も良くなったし、決まったことにいろいろ言っても仕方ない」と下青木自治会長の岩本さんは話す。「村の多くの人がそう思っているんじゃないか」

一方、今も反対する土屋さんはもどかしい。「そもそもリニアが村に必要かどうか考えないといけ

山の斜面にある釜沢集落(奥中央). 2カ所ある残土の仮置き場の1つ(手前)は, 2021年秋まで重機の作業が続いていた. 2022年1月28日, 大鹿村.

ない。どうやったらこの思いを他の人に共有してもらえるんだろう」。21年12月、傍聴した村議会定例会の一般質問でも、リニア関連の質問は出なかった。

続く工事音に「気が滅入る」

標高１０００メートル余。大鹿村役場から車で30分ほど走った細い山道の路面は、凍っていた。雪をかぶった南アルプスの山並みが見える。9世帯17人が暮らす村最奥部の集落、釜沢。２０２２年1月中旬、静けさに包まれているはずの場所には、重機の音が響いていた。

ガンガン、ガシャン――。トンネル掘削で出た残土を仮置き場に降ろす作業や整地、再び運び出すための積み込みが続く。集落の下を流れる小河内《おごうち》沢川沿いには、周囲の自然とつり合わない巨大な茶色のヤード(作業場)が2カ所。掘削中のリニア中央新幹線南アルプストンネルの坑口だ。

上の坑口からは静岡側に向け、トンネル本体に先駆けて掘る細いトンネル「先進坑」を掘削中。地下水などの山の状態を把握するためだ。下の坑口からは本線トンネルにつながる作業用トンネルを掘る。外の工事は日曜日と年末年始などを除く毎日午前８時〜午後５時に実施。トンネル内の工事は昼夜問わず続く。

「工事の音がしていると気が滅入る」。釜沢自治会長の中村政子さんは話した。外に出ると、残土の仮置き場が見える。子どもの遊ぶ声、まき割りの音に交じり、無機質な工事の音が断続する。昨年暮れからはトンネル内で、火薬で岩盤を砕く発破の音も聞こえる。「この前は午前３時ごろにガタガタと家が揺れ、目が覚めた」と言う。

中村さんは、静かな生活を求める英国出身の夫サイモン・ピゴットさん(71)と、30年ほど前に松本市の郊外から移り住んだ。３人の娘を育て、現在は三女の鹿林《かりん》さん(29)夫婦と孫２人も同じ集落に暮らす。取り巻く音や風景は、17年に掘削が始まると一変。数少ない水田は残土の仮置き場になり、地元で大切にしてきた樹齢１００年を超える桜の木も切られた。

「いつもお世話になっております」。夕方、中村さんの携帯電話にメールが届いた。「19時30分〜翌朝５時の間に最大３回程度の発破を行います」と書かれていた。

工事を請け負う共同企業体(ＪＶ)から希望する住民に、翌日の工事内容が送られてくる。気になることがあればメールを送る。「最近、発破の音が気になる」と伝えたところ、「火薬の量を調整します」と返ってきた。その後も状況はあまり変わらない。

「なるべく地元の住民には迷惑は掛けない」。リニア計画を進めるＪＲ東海は、集落の説明会などで強調してきた。現実には、騒音をはじめ暮らしに影響はある。工事前の環境影響評価（アセスメント）手続きでJRが14年にまとめた評価書では、簡易水道の水源に関係の深い沢の流量が1～3割程度減少する可能性があるとされた。

JRが年に何回か開く懇談会では、水源の水位などが報告される。「数値が説明され、『影響はありません』と繰り返される」と中村さん。地元の「理解」を一方的に求められているように感じる。

1月下旬。仮置き場の騒音が一時やんだ。整地作業が終わったと、中村さんは工事関係者から聞いた。南アルプスの谷間に吹く風や川の音がする。「ほっとする」。中村さんは表情を緩めた。

29日、また音がする。「この騒音の軽減をなんとかできないものでしょうか」。中村さんは再びメールを打った。

大鹿村でのリニア工事　南アルプストンネル長野工区（大鹿村―静岡市、8・4キロ）の坑口は、釜沢地区の「釜沢非常口」「除山《のぞきやま》非常口」と、上蔵《わぞ》地区の「小渋川非常口」の計3カ所。伊那山地トンネル（大鹿村―下伊那郡豊丘村）青木川工区（3・6キロ）の坑口は、青木地区の「青木川非常口」。いずれも本線トンネル（本坑）に向けて作業用トンネル（斜坑）を掘り、完成後はトンネル内で事故が起きた場合の非常口となる。青木川工区では県内初となる本坑掘削を2021年9月に開始。釜沢―小渋川非常口間では21年12月、本線に並行して調査目的で掘る「先進坑」が貫通し、静岡側に向かう先進坑も掘削している。JR東海は村内のトンネル工事は26年度中に完了するとしている。

どんど焼きのやぐらを組む谷口さん(右から2人目).集落の集まりで，リニアへの賛否を口にすることはなくなった．2022年1月15日，大鹿村．

「暮らしを守りたいだけなのに」

じっとしていると、指先が痛くなるほどの氷点下の空気。近くの山林から採ってきた竹を切りそろえ、やぐらを組む。「竹は滑りやすいからひもでしっかり結んで」「飾り付けの葉はこっちにもやって」。最高齢の松下隆夫さん(82)の声に、他の3人が作業の手を動かして応えた。

2022年1月15日、大鹿村最奥部の集落、釜沢は小正月の行事、どんど焼きを迎えていた。かつて南北朝時代に南朝方の後醍醐天皇の皇子、宗良《むねなが》親王が近くに住んだとされる隠れ里。ここで生まれ育った松下さんが幼い頃には小学校の分校があり、「子どもだけで2つもやぐらを作った」という。人は徐々に減り、今は9世帯17人。大半が村外から移住してきた人たちだ。

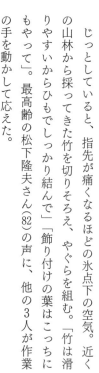

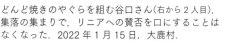

整体や建設関係の仕事に携わる谷口昇さん(51)もその1人。静かな田舎暮らしを求め、10年に大阪から家族で引っ越した。どんど焼きのような伝統行事も日常生活も、集落の中で家族のように助け合う。「周りの自然も人の関係も本当に素晴らしかった」。リニアの工事計画が具体化するまでは。

11年5月、国は南アルプスを貫くルートでのリニアの整備計画を決定。JR東海に建設指示を出した。07年に全額自己負担での建設方針を発表したJRの構想を、国が追認した形だ。JRが既に水平ボーリングによる地質調査を実施していた釜沢の近くには、南アトンネルを掘るための坑口ができることになった。掘削で出る残土の置き場を設ける計画も持ち上がった。

受け入れの是非をめぐり、集落の中では賛否が割れた。谷口さんは、工事の騒音やトンネル掘削で自然環境が壊されることを心配し、反対した。松下さんは、工事に伴って村と村外を結ぶ県道が改良されて若者が村に増えることを期待し、賛成だった。

当初は、祭りの後の直会《なおらい》で住民同士が言い合いになることもあった。「それぞれ意見が違うので、自治会としてまとめるのは難しい」と現在、釜沢自治会長を務める中村政子さん。リニアへの賛否を、集落の集まりで口にすることはなくなっていった。残土置き場は、地権者が了解したことで設けられた。

「なんであんなことを言ったんだ」。着工のしばらく前、谷口さんの自宅にそれほど付き合いのない村民から電話がかかってきた。リニアに反対する谷口さんの言葉が、新聞記事に取り上げられたのを読んだという。リニア反対を理由に「谷口には(整体などの)仕事を頼まない方がいいと言われた」と別の知人から聞かされたこともあった。

「自分の暮らし、集落、村を守りたいと思って意見を言っているのに、なぜ苦しまなくてはならないのか」。反対の意思を示したことで窮屈になった人間関係。一方、集落下に2カ所あるトンネル工事の坑口の先では、今も変わらず工事が進み、発破の音が聞こえる。「つらいです」。そんな言葉が口をつく。

どんど焼きの火入れは午後5時。「パーン」と、竹が勢いよく燃えた。星空の下に雪の南アルプスが浮かぶ。谷口さんはいま、日常の暮らしを続けることが、リニア工事へのせめてもの抵抗だと考える。「意地でも祭りを続け、ここを守っていく」。お神酒を手に、山を見上げた。

大鹿村釜沢の残土置き場　釜沢集落一帯でリニアのトンネル掘削に伴う残土置き場は、集落の下を流れる小河内沢川沿いに3カ所。このうち旅館だった旧荒川荘跡地に約3万立方メートルの残土を入れる工事は終わった。他の2カ所は仮置き場で、神社の跡とされる「三正坊《さんしょうぼう》」と、除山《のぞきやま》非常口の脇にある。除山非常口脇の仮置き場には、自然由来のヒ素やホウ素を基準値以上に含む「要対策土」を置く。

残土運搬で「ダンプ街道」に

下伊那郡松川町中心部から大鹿村の役場前まで、県道松川インター大鹿線を走って15キロほど。車で約30分の山道で、擦れ違ったダンプカーは1回目が22台、時間を変えた2回目が35台だった。

天竜川沿いに南北に延びる伊那盆地と、伊那山地を越えて東側の大断層「中央構造線」の谷にある大鹿村を行き来する上では、この県道が動脈だ。小渋川沿いに走ることから地元で「小渋線」と呼ばれる県道は今、リニア建設のトンネル工事で出た残土や資材を運ぶ「ダンプ街道」と化している。

２０２２年１月28日、取材班の記者が小渋線を乗用車で走った。松川町元大島の国道１５３号上新井交差点を出発。１分ほどで「グウゥ」とうなる松本ナンバーの青いダンプと擦れ違う。運転席付近に「高森町産業用地整備」と書いた青い札が見えた。下伊那郡高森町で造成中の産業用地に残土を運ぶ車だ。

道は次第に上り坂になり、小渋川右岸の山肌を走る道は右へ左へとカーブが続く。ハンドルを切って左カーブを曲がろうとした時、せり出した斜面の向こうから対向のダンプが現れた。驚いてブレーキペダルを踏みそうになった。ダンプが巻き上げた砂ぼこりで視界が曇ることもあった。

それでも記者が飯田支社に勤務していた10年ほど前と比べ、道路は改良されて格段に良くなっていた。残土運搬に備えた対応だ。18年にできた西下トンネル、19年開通の東山トンネルはＪＲ東海が約35億円、県が約25億円を支出。5カ所計約1キロの拡幅改良費約21億円はＪＲがほとんどを負担したという。

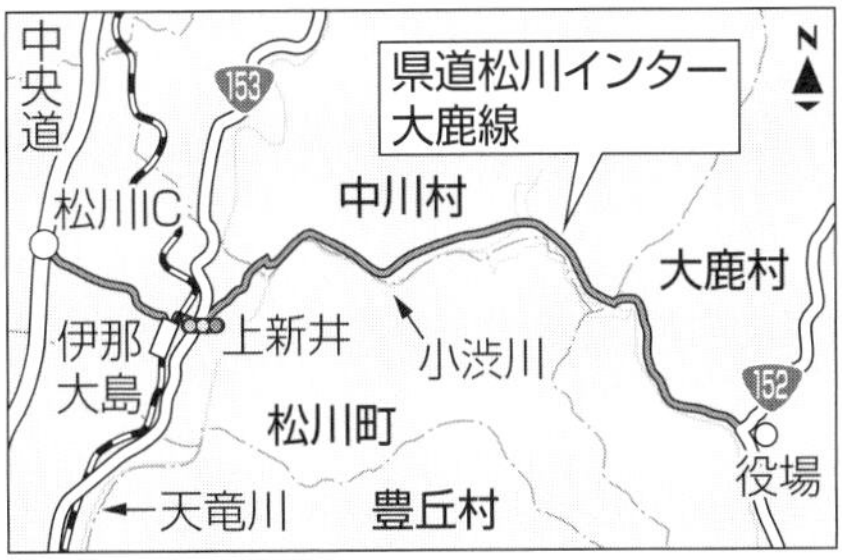

道幅の狭い部分も残る。大鹿村最奥部の釜沢地区に住む松下隆夫さんは「前のダンプから道を譲られたが、徐行したままだったので追い越すのが怖かった」と振り返る。「ダンプが怖いので、村外への買い物は残土運搬が運休の日曜日にまとめて行くようにしている」と話すお年寄りもいる。

21年には大鹿村のリニア工事で出た残土を運ぶダンプの事故が3件発生した。このうち2件は小渋線での事故で、観光客の自転車との接触があった他、脱輪した際に鳥獣被害防止用の柵の一部が壊れた。

「リニア工事の残土運搬は、通るルートも時間帯も決まっている。他の工事よりも緊張した」。21年夏まで大鹿村から残土を運んでいた30代の男性運転手はそう明かした。

工事を請け負う共同企業体(ＪＶ)から大きな番号札を渡され、運転席と車体

県道松川インター大鹿線を行き交うダンプカー．JR 東海によると，1 月からは 1 日約 520 台が走る．2022 年 1 月 28 日，中川村大草．

後部に掲示する。衛星利用測位システム（ＧＰＳ）の付いた安全運行管理装置は、制限速度を超えたり指定ルート以外を走ったりすると警告音が鳴る。ＪＶ事務所の朝礼では必ず、事故に気を付けるよう言われたという。

一方、この運転手が働く会社の男性社長によると、ＪＶによる粉じん対策の指示で、積載量は荷台左右の飛散防止装置が閉められる程度まで。ＪＲと地元自治体との約束で運搬は午前８時〜午後６時に限られる。ルートと制限速度を守れば１日３、４往復が限度で「他と比べ特別に利益が出るわけでもない」とする。

工事の本格化に伴ってダンプの台数は今後もさらに増える。住民にとっても業者にとっても、緊張を強いられる年月がまだしばらく続く。

リニア工事残土運搬車の事故　大鹿村のリニアトンネル掘削工事で出た残土を運ぶダンプカーの事故が２０２１年、村内外で少なくとも3件起きていたことが信濃毎日新聞の取材で分かった。8月に同村大河原の県道松川インター大鹿線桶谷トンネルで、ダンプが自転車の男性を追い越そうとして接触した。10月には同村大河原のリニア南アルプストンネル長野工区の除山非常口近くにある残土の仮置き場の一つで、ダンプが電柱に衝突。復旧工事のため近くの釜沢集落の９世帯が一時停電した。上伊那郡中川村葛島の同県道では12月、ダンプが擦れ違いで後退した際に道路脇の側溝へ脱輪し、地元地区で管理していた鳥獣被害防止用の柵の一部が壊れた。

道路改良の契機はリニア

九州から関東まで続く大断層「中央構造線」に沿って流れ、小渋川に合流する青木川。その谷間の急傾斜に張り付くように家や畑が点在する。大鹿村の南部にある下青木集落で自治会長を務める岩本純一さんは２０２２年1月下旬、自家用のブルーベリー畑で枝切りをしていた。近くに掘削中のリニア伊那山地トンネルの坑口がある。集落沿線の国道１５２号を、掘削で出た残土を運ぶダンプカーが走っている。岩本さんは考える。「工事は嫌だが、リニアが来なかったら小渋線の改良は無理だった」。小渋線は、村と下伊那郡松川町を結ぶ県道松川インター大鹿線の通称だ。

青木地区で生まれ育った岩本さんは中学生の時、土石流で自宅を失った。１９６１(昭和36)年に伊那谷を豪雨が襲った「三六災害」。村内の死者・行方不明者は計55人に上った。犠牲になったいとこの女性には婚約者もいた。

「この村は駄目になる」と思った。中学の同級生たちは都会に就職。自分も早く村を出たかった。飯田市内の高校には村からバスで2時間かかるため、下宿して卒業。家の事情で思い通りにはいかず、村に残って役場に勤めた。

三六災害の後、それまで4600人余だった村の人口は急減した。山村の過疎が問題になった時代。村は70年、過疎地域振興計画を作る。第3次計画の期間は80〜84年。大鹿村誌によると、計画は人口減の原因をこう記した。

「本村より飯田都市圏への基幹道路である松除《まつよけ》松川線（県道松川インター大鹿線の前身）の改良整備が依然として遅れており、通勤の困難性、また村内における就労機会が少ないなどが挙げられる」

岩本さんが新人職員だった頃、松川町の街場まで車で1時間はかかった。当時から県道の改良は「村の悲願」（岩本さん）だったが、陳情（要望）先の県飯田建設事務所（飯田市）まで行くのはひと仕事。長野市の県庁はさらに遠い。70年代後半から90年代初め、中央道、長野道の整備が進むまで、県庁まで4時間以上を要したこともあった。

岩本さん自身が陳情に同行したのは産業建設課長や助役を務めた90年代末から2000年代。年5、6回訪れても、期待する答えはなかなか聞けなかった。「小村がいくら言っても駄目だった」。副村長を最後に09年に退任する頃には人口は1200人ほどに減っていた。

しかし、リニア計画で局面が変わった。11年に南アルプスを貫くルートでの建設が決定。工事の環境への影響を予測、対策する環境影響評価（アセスメント）手続きの中で、残土の村外への運搬が課題になった。村は小渋線の改良をJR東海に要望。JRは13年、小渋線について「ダンプカーが走るには支障がある。道路管理者の県と話しながら改修したい」との方針を示した。

2カ所のトンネルが新設され、5カ所の拡幅が完了。総事業費は村の当初予算の約4倍の80億円を超え、半分以上をJRが負担した。松川町の街場までは20〜30分に短縮された。「村の悲願」は大きく前進した。代わりに小渋線や村内を走るダンプの数は、リニア工事の本格化で増えていった。「誰だってダンプはやだに」。岩本さんは言う。「今はとにかく早く工事を終わらせてほしい」

過疎地域振興計画　1970（昭和45）年施行の過疎地域対策緊急措置法、80年施行の過疎地域振興特別措置法に基づき、過疎地域の市町村が定めた計画。計画に基づく事業について、補助率のかさ上げ、財源に充てた借金の一部返済肩代わりといった国の支援があった。当時、高度経済成長に伴って人口や産業が大都市に集中し、過密化。半面、農山漁村では人口の急激な流出による過疎が問題になった。過疎対策法はその後も衣替えし、今の過疎地域持続的発展支援特別措置法に続いている。

土曜運休を請願したが…

平安時代、弘法大師がつえで突いた場所から、塩水が湧き出したとの伝説がある大鹿村北部の鹿塩《かしお》温泉。3連休初日だった2022年1月8日の土曜日、旅館「山塩館」のテーブルにはイワナの焼き物やしし鍋などの料理が並んだ。

13ある客室は新型コロナウイルス感染防止のため、しばらく半分程度の受け入れにとどめている。全国で感染の「第6波」が広がる兆しを見せつつあったこともあり、この日の宿泊は2組だった。

家族4人で訪れた都内の男性(58)に夕食後、話を聞いた。村につながる県道で、リニア工事のダンプカーと擦れ違いましたか――。「リニアの工事があるのは知っていたので、ダンプは仕方ないと思って来た」。秘湯めぐりが趣味という男性はそう話しつつ願った。「ずっと静かな温泉であってほしい」

宿の4代目の主人、平瀬定雄さん(53)は、男性客の言葉に複雑な思いで耳を傾けていた。「せめて観光客が来る土曜だけでも、ダンプを運休してほしいのですが……」

平瀬さんが会長を務める村観光協会は21年8月、リニア工事のダンプについて、土曜日の運休を求める請願を村議会に提出した。トンネル工事で出た残土や資材の運搬の休みは原則、日曜日と年末年始などだけ。週末に訪れる観光客から、不安の声が寄せられていた。実際、数日前には村内でダンプと観光客の自転車の接触事故が起きていた。

村議会は請願を賛成多数で採択。しかし、21年秋にダンプが運休した土曜日は、10月と11月に1日ずつだった。「たったこれだけか」。平瀬さんは力が抜けた。

村にとって観光は基幹産業だ。協会には約30事業者が加盟し、村の人口の3分の1近い260人余が観光に携わっているとのデータもある。全国的な新型コロナの感染拡大を受け、村内でも江戸時代から伝わる地芝居「大鹿歌舞伎」(国重要無形民俗文化財)の春と秋の定期公演がここ2年、中止やインターネット配信だけになったのをはじめ、影響が多方面に出ている。

売り上げの落ちた旅館や飲食店は多い。その間にも経営者の高齢化が進む。「後継ぎがおらず、今後は店を閉める人も出かねない」と平瀬さんは心配する。

一方、リニア建設は、南アルプストンネル掘削による大井川の流量減少を懸念する静岡県とJR東海の協議が難航。静岡県が着工を認めず、JRが目指す27年開業は難しくなっている。「村の観光はぎりぎりの状態。このままでは開業後の展開より、開業まで持たないかもしれない」。平瀬さんは不定期に開くＪＲとの懇談の場などで土曜運休の要請を続けている。

21年12月15日の夜、工事の影響や課題について話し合う、3カ月に1度の村リニア連絡協議会が村交流センターで開かれた。終了後、ＪＲ東海中央新幹線建設部名古屋建設部の古谷佳久担当部長に記者は尋ねた。ダンプの土曜運休はなぜ難しいのですか――。

古谷部長は驚く顔も見せずに答えた。「着工前に村とは、土曜日も工事ができるようにした確認書を交わしています」。そしてこう続けた。「静岡の問題はあるが、27年の開業を目指し、長野県内の工事のペースは落とさず行きたい」

> **請願**　住民が「こうしてほしい」と希望することを、国や地方自治体、それらの議会に文書で訴える制度。都道府県議会や市町村議会への請願は、地方自治法により議員の紹介が必要で、請願を採択するかどうかは議会の判断に委ねられる。採択された請願に強制力はない。請願は、国民の基本的な権利として憲法で保障されている。一方、都道府県議会や市町村議会に要望を伝える方法には、議員の紹介が必要ない「陳情」もある。

翻弄される「村の意思」

「工事用車両通行等に関する確認書」。２０１６年10月19日、大鹿村とＪＲ東海は14条から成る文書を交わした。村内でのリニアトンネル工事着手を前に、工事用車両の通行ルートや通行時間、安全対策などを確認する中身だった。

当時、村議会は重い決断を迫られた。10月17日、ＪＲが工事着手の意向を村に正式に伝え、翌18日に村議会がこの確認書案を了承。３日後に工事着手への同意も決めた。議長を除く採決はともに賛成4人、反対３人。「意見はさまざまであったが、賛成多数で同意する結論を得ました」。記者会見した議長(当時)の熊谷英俊さん(57、現村長)の表情は終始硬かった。

「工事用車両は日曜日、その他長期休暇期間(年末年始等で事前に告知する日)は通行しないことを基本とする」。確認書にある条項だ。観光への影響から工事のダンプカーの土曜運休を求める村観光協会に対し、ＪＲはこの条項を理由に難色を示す。

村議の斎藤栄子さん(63、２期目)は当時、確認書案の了承にも着工同意にも賛成した。反対する人の気持ちも分かったし、建設業などリニア工事に関連した仕事への期待があるとも聞いていた。判断自体は「今も間違っているとは思わない」と言う。

あれから5年余。地域の商工観光業は、人口減少と新型コロナウイルス流行の影響で疲弊している。かつてはにぎわった新年の初売りでも22年、自身が営む食品雑貨店の売り上げは宅配便の配送料８０0円余だけだった。

ダンプ通行による観光客の不安を、少しでも減らしたい。残土運搬の完了時期も当初より遅れが出ている。村観光協会の一員として、土曜運休の要望は「どうしても引くわけにはいかんのな」と話す。

一方、着工同意に反対した村議の河本明代さんは「(同意は)性急だった」と今でも考えている。現在は議会の運営を取り仕切る議長。21年9月、村観光協会が村議会に出していた残土運搬の土曜運休を求める請願の審査は、採決に加わらず見守った。請願は本会議で賛成６人、趣旨採択に賛成１人の賛成多数で採択された。

村議会は翌10月、請願を踏まえてＪＲ東海との懇談の場を持った。ＪＲからは、来年度の運行計画を出した上で検討する――との回答だった。その運行計画のカレンダーは12月の別の会合で示されたが、土曜日もダンプが走る予定のまま。その場で土曜運休の話は出なかった。

「確認書で残土運搬の運休は日曜日と定めてしまっている。正直、土曜運休は無理だろう」。別の村議の中からは諦めの声も聞こえる。

村議会は、地方自治法に定められた村のただ一つの議決機関だ。リニアの確認書と着工を認めたのも、残土運搬の土曜運休を求める請願を採択したのも、いわば村の意思。その村の意思が、リニア中央新幹線計画という巨大プロジェクトの都合で、時に重視され、時に軽く扱われ、翻弄されているかのように見える。

「改めて話をＪＲに持っていかないといけないとは思っている」。土曜運休の要請について議長の河本さんはそう話す。ただ、村議の間にも温度差があり、まだ話し合いの場は持てていない。

大鹿村でのリニア工事着手直前の経過　ＪＲ東海は２０１６年９月７日、全村民を対象に南アルプストンネルの工事説明会を開催。村議会は10月３日、工事は議会と村長が同意を表明した後に行うことなど８項目を求める意見書をＪＲに提出した。14日に開いた２回目の工事説明会の後、ＪＲ幹部は「住民の理解が得られたと考えている」と発言。17日には工事に着手したいとの意向を正式に村に伝え、工事用車両の運行ルールや環境保全策などの確認書案を提出した。村議会は18日、一部修正を求めた上で確認書案を了承。村は19日に確認書をＪＲと締結し、内容を公表した。村と村議会は21日に協議し、工事着手に同意すると決定。JRは11月1日、安全祈願・起工式を村内で開いた。

住民の意見は聞いただけ？

かつて地元の中学校だった木造校舎が、斜面を切り開いた土地に移築されている。大鹿村の上蔵《わぞ》地区。ここで体験型宿泊施設を営む酪農家、小林俊夫さん(76)には培ってきた信念がある。「南アルプスの手付かずの自然を残すことが、村の価値を守り、存続につながる」

リニアには反対。国の交通政策審議会中央新幹線小委員会が2011年、整備計画などを答申した際は、南アルプスを貫くルートを避けるよう要望書を送った。工事の環境への影響を予測、対策する環境影響評価(アセスメント)手続きで、13年に県が飯田合同庁舎(飯田市)で開いた公聴会でも「一度破壊された自然の復元は不可能」と訴えた。

でも、計画に何か影響した手応えはない。山道を下りた同じ地区内には南アを貫くトンネルの坑口(非常口)があり、その先で掘削が進む。

村で農家の三男に生まれた小林さんは1961(昭和36)年に中学を卒業、茅野市の工場に就職した。単調な作業に意味を見いだせず、5年ほどで村に戻った。知人から「なんで戻ってきたんだ」と言われた。この間に村は「三六災害」と呼ばれる豪雨災害で被災。高度成長期で若者の多くが都会を目指していた。

中学生の頃、小渋川で拾った石の種類を調べるのが好きだった。「村の風土を生かした産業をつくりたい」。実家の山林を切り開き、牧場を営んだ。趣味で始めたチーズ作りは、スイスに行って本場の製法を学び販売した。

母校を移築した宿泊施設「延齢草《えんれいそう》」には、東京や大阪から親子連れが多い年で約600人訪れた。目を輝かせて沢遊びやヤギの乳搾りなどを体験する子どもたち。開発で便利になるよりも村の自然に根付いた暮らしが、時代に求められていると感じていた。

そこへリニア計画が来た。東京と名古屋、大阪を短時間で結ぶため南アルプスにトンネルを開ける。既視感があった。60年代後半に浮上した大鹿村と静岡県の大井川上流を南アの三伏峠《さんぷく》経由で結ぶ「基幹林道鳥倉西俣線」構想だ。「道路を開発し、便利になれば発展するという考え方。リニアと同じ発想だった」

小林さんは中止を求める陳情書を営林署に出した。同じ頃、上伊那地方と山梨県を結ぶ南アスーパー林道建設が反対に揺れ、自然保護問題の象徴になっていた。73年には県自然保護連盟が発足し、中止を訴えて近県の団体と連携して陳情や集会を重ねた。

スーパー林道の工事は73年に一時中断。78年に規模縮小して再開し、79年の完成後はマイカー規制が続く。大鹿村誌によると、工事中断は「鳥倉西俣線の計画をも阻み棚上げの形となった」という。

それから約40年後のリニア計画。中央新幹線小委員会が整備計画などの答申案を示した際の意見公募には888件の意見が寄せられ、「整備に反対、計画を中止または再検討すべきだ」が648件を占めた。13年に県が飯田市と木曽郡南木曽町で開いた公聴会では21人が公述。生活や自然への影響を懸念する声が目立った。

それなのになぜ認められるのか——。小林さんの目には「意見を聞いた」という手続きだけに映る。「いつの間にか工事が認可され、地域の住民はかやの外だった」

中央新幹線小委員会の公募意見　国の交通政策審議会中央新幹線小委員会は2011年4月21日、リニア中央新幹線(東京都—大阪市)について、南アルプス中南部を貫通する「Cルート」が適当とする答申案を了承し、公表。合わせて意見公募を始め、5月5日までに888件が寄せられた。「整備に反対、計画を中止または再検討すべきだ」が648件。理由には「東日本大震災の影響が収まっておらず、新たな大規模事業を進めるような社会的状況ではない」「三大都市圏以外の沿線地域においては地域活性化の効果が期待できない」などが挙がった。こうした意見について家田仁委員長(東京大学大学院教授、当時)は「答申を覆す意見ではない」とした。

2本だけになったブナ

大鹿村と下伊那郡豊丘村の境にある大西山(1741メートル)は、1961(昭和36)年の豪雨災害「三六災害」で北東山腹が大崩落したことで知られる。2022年2月7日、雪が所々に残った登山道を記者は約1時間半歩いた。登山道を外れて10分ほど下る。立ち入り禁止のロープの先に視界が開けた。ブナの巨木が2本。その周囲は木々が広く伐採されていた。

リニア中央新幹線に電力を供給する送電線の鉄塔の建設計画地。村内の青木地区で農家カフェを営

大西山の斜面に残された２本のブナの木．周囲の木は広く伐採されていた．
2022 年２月７日，大鹿村．

む紺野香《か》糸《いと》さん(42)はこの場所を21年7月に訪れてむなしくなった。仲間と19年からブナの伐採の延期や中止を求めていた。推定樹齢３００年の2本はその象徴だ。しかし、2本を残して一帯の木を全部切るとは……。「工事さえ進めばそれでいいのか」

紺野さんは村に移住した両親の下に生まれ、高校からいったん村外に出てUターンした。10歳の娘は小学4年生。物心ついて間もなくリニアの工事が始まり、高校生になっても工事や残土の運搬が続く見通しだ。「娘にとって工事がふるさとの当たり前の風景になってほしくない」と紺野さんはリニアに反対してきた。

小さな村で反対を続けるのは簡単ではない。１０００人弱の村民で反対しているのは「1割くらいじゃないかな」という。地域の知人が、以前に比べよそよそしくなったと感じる時があった。他の村民から「国が決めたことだから仕方ない」と言われたこともある。16年に村内で工事が始まってからは、活動する機会が減った。

そんな時、送電線鉄塔を建てるため大西山の斜面の木々を切る計画を知った。実家は計画地の下にある。「ブナは裏山の自然の象徴。リニアから自然を守ろう」。紺野さんは仲間とオンラインを中心に署名を集めた。一定の数になると、工事主体の中部電力パワーグリッド(PG、名古屋市)やリニア計画を進めるJR東海に提出した。21年7月までに1万1340筆が集まった。「本当にうれしかった」。手応えがあった。

「詳細設計の結果、伐採が不要になった」。21年6月24日、リニア関連工事の影響や課題を話し合う村リニア連絡協議会で中電PGの担当者は2本のブナについてそう報告した。伝え聞いた紺野さんは喜んだ。一方で「周囲の木は切られるかもしれないな」と不安もあった。翌月に現地まで登ると、周囲の木は予想以上に広く伐採されていた。

その姿に、杓子定規な対応に、胸を痛めた。「ブナと周りの自然を守りたいと思って伝えていたのに……」。周りでむき出しの斜面が雨で崩れないか。保水力を失ってブナが枯れないか。「こんな状態で残すことに、より心が苦しくなった」と振り返る。

中電PGに取材した。広報グループは「自然環境に配慮し、必要最小限の範囲で工事をするのが基本。意見を頂き、詳細に設計を進めた結果、ブナは伐採不要と判断した」と答えた。周囲の木を広く切ったのはなぜか問うと、「ヘリコプターで資材を降ろす場所を確保するため、伐採の面積を広げた」とした。

21年12月、都内の国際環境NGOが開いたリニア問題のオンライン講演会で紺野さんは、ブナの木をめぐる経過を話した。「頑張っても頑張っても、結果が出ない感覚を持たされている」。苦しげに言った。

大鹿村のリニア送電線計画　リニア中央新幹線に電力を供給する送電線は、豊丘村を通っている50万ボルトの高圧送電線「南信幹線」から分岐する。同村神稲上佐原《くましろ》地区に建設する下伊那変電所で15万4000ボルトに電圧を変換し、大西山を越えて大鹿村大河原上蔵《わぞ》地区の小渋川変電所まで約11・3キロを送電線で結ぶ。小渋川変電所の近くには、掘削中のリニア南アルプストンネルの小渋川非常口(坑口)がある。鉄塔は計30基設ける計画で、このうち大鹿村内には高さ約54～80メートルの鉄塔9基を建てる。

「リニアどころじゃない」

2022年春、大鹿村の神社は7年目に1度の御柱祭を迎える。同村大河原の宅幼老所「まめ大福」で2月9日、昔の御柱祭を思い出し、お年寄りたちが楽しそうに話していた。

「上手だね」。施設長の山根沙姫《さあき》さん(43)は話の輪の横で紙を切って工作するお年寄りに声を掛けた。しばらく寄り添った後は、職員と打ち合わせに入った。村内に2つしかない通所介護施設の1つで、13人の定員が連日ほぼいっぱいになる。パート以外の常勤職員は山根さんだけ。介護も、事務も担っている。

かつて山根さんはリニアの問題を村内で考えようと、村民に呼び掛ける団体の中心にいた。2016年に村内でトンネル工事が始まって5年余り経つ。支援の必要なお年寄りは変わらず多い一方、村の人口は減り、職員の確保に一層、悩むようになった。村民の暮らし、村の存続を支えていくには「リニアどころじゃないんです」

10年、リニア計画をめぐる国の交通政策審議会中央新幹線小委員会の中間取りまとめは、南アルプスを貫くCルートを「採択するのが適当」とした。同じ年、山根さんは計画を機に村の将来を考えようと、同世代の女性と相談して仲間を集め「大鹿の100年先を育む会」をつくった。

自然や景観が壊され、トンネル工事で出た残土を多くのダンプカーが運ぶのが心配で、リニア計画に反対だった。村外にも訴えた。それでも計画への賛否で村民が分断されてはいけないと思い、村内では賛否を超えて考えよう――と呼び掛けた。地質の専門家を招いた学習会を開き、村民アンケートなどをまとめた「新聞」を作り、全戸配布した。

意見が違う相手でも話し合いを試みた。口調の激しかった相手が「お互い、村を思っていることが分かった」と言い、握手したこともある。村内でも反対をより強く打ち出すべきだとして別に活動しだす仲間もいた。そんな中で16年11月に工事の安全祈願・起工式が終わると、会の活動はほとんどなくなっていった。

東京出身の山根さんは小学生の頃に両親と村に移住。村に恩返ししたいとの思いから15年ほど前、同じ移住者らがつくったNPO法人「あんじゃネット大鹿」の運営する宅幼老所で働き始めた。村内唯一のタクシー会社が廃業したのを機に、法人はお年寄りらを運ぶ有償運送事業も開始。村の放課後児童クラブ事業も担い、村内への若者の移住支援にも取り組んでいる。

村の人口は22年2月1日時点で942人（村調べ）。65歳以上が占める割合（高齢化率）は21年10月1日時点で48・2％と、県内市町村で4番目に高かった（県調べ）。山根さんはまめ大福でお年寄りの送迎も担い、介護の後は放課後児童クラブの責任者として隣にあるクラブも覗く。村に若者は少なく、残土運搬の本格化に備えて県道が改良されたといっても、なかなか村外から働きには来てくれない。

「リニアのことは訴え続けないといけないと思っている」。山根さんは語気を強めた。一方、リニアの問題がなければ、意見の違いで村民がいがみ合うこともなく、残土の置き場やダンプの問題に煩わされることもなかっただろう。「そうしたら、もっともっと将来の村づくりが考えられたんじゃないか」

あんじゃネット大鹿　牧場経営の土屋道子さんら県外から大鹿村に移住した住民を中心に有志が2006年に立ち上げたNPO法人。「大丈夫、心配ない」を意味する地元の方言「あんじゃね」とネットワークを組み合わせて名付けた。村内のお年寄りが村で暮らし、最期を迎えられるようにしたいと村内初の宅幼老所を開設。1人暮らしのお年寄りらの要望に基づき、草取りや掃除などを登録する活動会員が担う「便利屋こまわりさん」を続ける。有償運送事業「いかまいカー」、放課後児童クラブの運営、高齢者宅への配食サービス、移住希望者を対象にした村内ツアーの企画などの定住促進事業も手掛ける。

「大鹿だけ認めぬわけには」

2011年に亡くなった個性派俳優、原田芳雄さんの遺作となった映画に当時、大鹿村の村長だった柳島貞康さん(70)が出演している。村に伝わる「大鹿歌舞伎」(国重要無形民俗文化財)を題材に、同じ年に公開された『大鹿村騒動記』だ。

劇中、村民がリニアの受け入れをめぐって揉める場面がある。村役場の会議室で、原田さんらと長机を囲んだ「村長」役の柳島さんが言う。「国じゃなくて民間がやることなので、環境に配慮してもらえれば。皆さんの意見を聞いて、ゆっくりじっくり考えます。村長だから」

公開から10年余り。村長を3期12年務め21年1月に退任した柳島さんの自宅を、かつて村を担当した取材班の記者が訪ねた。村内で工事が計画された当時の思いを聞くと、こたつで苦笑いした。「映画で言った通りなんだよ」

柳島さんは16年10月21日、8人の村議と村役場で協議し、リニア工事の着手に同意すると決めた。その直後の記者会見。普段、役場で作業着を羽織っている柳島さんはスーツだった。リニア建設について「村にとって決してうれしいことではない」としつつこう続けた。「飯田下伊那地方や他の沿線自治体でも待ち望む声は大きい。この段階で大鹿村だけ工事を止める、というわけにはいかない」

柳島さんは当時、議会や取材でリニアには「もろ手を挙げて賛成ではない」とよく口にしていた。開業すれば飯田市の県内駅から東京・品川まで約45分、名古屋まで約25分。でも県内駅は、道路が改良されても村役場から車で40~50分かかる。一方、村は南アルプストンネル工事の最前線となり、掘削で出た残土を運ぶ多くのダンプカーが走る。

飯田下伊那14市町村でつくる南信州広域連合はリニア計画の推進に賛同した。当時、飯田市の牧野光朗市長(60)や下伊那郡町村会長だった下條村の伊藤喜平村長(87)が中心を担った。柳島さんは振り返る。「牧野さんや伊藤さんから、リニア誘致に『これだけ頑張ってきた』と聞かされていた。いろんな人の顔が頭の中にばーっと出てきた」

リニアは東京・品川—名古屋間の286キロを結ぶ。大鹿村が工事を認めなければ「おまえの所がオーケーしないからリニアができない、と村民みんなが言われる」と考えた。大井川の流量減少を懸念する静岡県とJRの協議が難航し、川勝平太知事が着工を認めない方針を示すのはその後の話だ。柳島さんは当時を振り返り「1000人の村の村長が、1人で川勝さんみたいなことは言ってられない」

工事を受け入れた代わりに、村と下伊那郡松川町をつなぐ県道松川インター大鹿線の改良が進み、飯田市など街場が近くなった。工事のダンプが村中心部の通行を避けるための迂回路もできた。村がJR東海に求めた対応だ。

一方、ダンプの数は今後も増える。リニア計画への賛否をめぐり、人間関係がぎくしゃくした村民もいる。それが「しょうがないとは言わない」と複雑な思いを口にする。

川勝知事について話している時、村の対応を振り返ってふと漏らした。「(着工が)5年後だったら、違ったかもな」。意味するところを繰り返し尋ねたが、はっきりした答えは返ってこなかった。

南信州広域連合によるリニア駅誘致の取り組み　ＪＲ東海は２００７年、自己負担でのリニア中央新幹線建設の方針を発表。南アルプスを貫くＣルートの想定を示した。県などが諏訪・伊那谷回りのＢルートの採用を求めてきた経過もあり、南信州広域連合はルート問題に触れず、「飯田駅実現」に絞ってアピールした。広域連合議会は09年、リニアの早期実現と飯田駅設置実現を決議した。広域連合は10年、リニア飯田駅設置推進基金を設置。基金新設をめぐる広域連合議会の質疑で、連合長の牧野光朗飯田市長（当時）は「地域の将来を左右する正念場。一致団結して（駅設置に向け）意思を示すことが必要だ」と強調した。同じ年には駅設置を見据えて地域の将来像を検討する「リニア将来構想検討会議」を設け、「リニア将来ビジョン」をまとめた。

言いにくい空気は隣町でも

「考えようリニアダンプ」。手書きの看板が、通学路やスーパー前など6カ所に立つ。下伊那郡松川町中心部では２０２１年10月下旬、隣の大鹿村のリニアトンネル掘削工事で出た残土を運ぶダンプカーが走りだした。

看板を立てたのは60〜70代を中心に12人でつくる「松川町を考える町民会議」だ。12年、直前まで初の定数割れの可能性があった町議選を機に、望ましい人を考えるため集まり、その後も公共施設の在り方などを話し合ってきた。ダンプが町内を走ると知り、「無関心ではいけない」と21年5月に動いた。

その後、看板設置に了解を得ていた地権者の1人から代表のリンゴ農家、寺沢茂春さん（72）に電話があった。「『リニアに反対なのか』と言われてしまう。撤去してほしい」。周囲から看板についていろいろと尋ねられたためだという。

町民会議にはリニアに賛成の人も、反対の人もいる。「リニアに反対しとるわけじゃない。何でも功罪があるから考えなきゃいかんのだに」。1975(昭和50)年、町に中央道松川インター(IC)ができた時も、排ガスへの心配と観光客の増加の両面があったと振り返る。

リニア工事本格化に伴って着工前に想定された課題が現実になる。そこで出てくる疑問や戸惑いをぶつけ合うことすらできないのか。その空気は、今の大鹿村の静けさにも通じるように見える。

残土を松川IC経由で伊那市に運ぶため、ダンプが町中心部を走ると分かったのは2020年秋。中でも町役場前を抜ける県道松川インター大鹿線の付近には小中学校がある。町民会議とは別の女性有志は署名を集め、県道を避けるようJR東海に要請した。曲折を経てJRは、運搬ルートを町内で分散した。

JR東海によると、町中心部の県道を通るダンプは年明け以降、1日平均25台。今後も最大で1日平均40台ほどの見込みで、町内のダンプ運搬への注文は以前より目立たなくなった。ただ、大鹿村から残土を運び出すダンプは現在の1日平均520台がこの先、最大約1350台まで増える。受け入れ先の多くは決まっておらず、町内を走る台数が増える可能性はある。

21年11月、町中央公民館に町民会議の7人が集まった。「どうしたら関心が高まるのかねえ」。寺沢さんがやりきれないように言うと、1人が応じた。「みんな自分の暮らしがあるから無理もない。地道に活動するしかない」

ダンプの走る沿道を記者は歩いた。町中心部の商店の80代女性は「この程度なら気にならない」としつつ、台数が今後増えるのを心配した。隣の高森町に運ぶ分を含め、1日平均375台が走る国道153号沿いの商店主の男性は「なんとかしてほしい」のが本音だが、「松川町はリニアを推進している。職員に知り合いが多く、意見は言いにくい」と漏らした。

寺沢さんは、JRが残土運搬の方針を説明する場になってきた町リニア建設工事対策委員会がこの間、何度か非公開になった点にも疑問がある。「情報が出てこなければ何も分からないし、住民も判断できない」。22年1月、寺沢さんは対策委の公募委員に就いた。中からものを言うつもりだ。

松川町中心部のリニア残土運搬　2021年10月下旬に開始。大鹿村で掘削中のリニア中央新幹線南アルプストンネル、伊那山地トンネルから搬出した残土を、伊那市の伊那インター工業団地に23年度末まで運ぶ。22年2月現在は1日当たり片道計約50台が、往路は町内2ルートに分かれて中央道松川インター(IC)を利用し、復路は駒ケ岳スマートIC(駒ケ根市)で下りて国道153号を走っている。町道拡幅などの完了後は、片道計約120台が町内3ルートに分散して松川ICを使う。町内では他に、高森町の産業用地整備のため往復約300台が国道153号を走行している。

〔歩いた記者は〕——村の「痛み」をわかっているのか

小渋川の源流に近い南アルプス赤石岳(3121メートル)は雄大で、山里は紅葉が始まっていた。第

2部を担当した記者の1人が大鹿村へ取材に入ったのは2021年10月。全国62町村・地域でつくる「日本で最も美しい村」連合に加わる山懐の深い村は、その名の通りの姿を見せてくれた。

村でリニアの話を聞きだすと、「あんたはどっちの立場なの」と逆にたびたび問われた。記者17年目だが、取材テーマへの賛否を聞かれることはあまりなかった。答え方次第で取材に支障が出るのかと戸惑った。かつて計画への賛否に揺れた村は、着工から5年余り経っても神経をとがらせていた。

釜沢集落の下にあるトンネル掘削現場のヤード．大鹿村の生活や自然に，リニア計画は大きな負担を強いている．2022年1月19日．

裏腹に、工事の影響や課題を話し合うはずの村リニア連絡協議会や村議会での質疑は活発に見えず、反対の動きは表向きはうかがえなかった。工事の最前線はなぜ静かなのか。週の大半を村の宿に泊まり、計画に賛成だった人、反対だった人を訪ね歩き、現状や訴えの背景にある経験や思いを聞かせてもらった。

21年秋に釜沢集落を訪ねてびっくりした。それより奥に人は住んでいない集落の下の林に、巨大な倉庫のようなヤード(作業場)が建てられ、ダンプが出入りしている。残土を降ろしたり整地したりする音は、今よりひどかった。静けさを求めて移住した人たちは我慢を強いられていた。

その困惑は、車で約30分の村中心部まで行くと共有されにくい。ひっきりなしに走るダンプの存在を一番感じるのは、村と松川町を結ぶ県道松川インター大鹿線だ。曲がりくねっていたこの県道がリニア工事に伴い改良されたことで、多くの村民は不満を抱えつつ、腹の中に納めていた。

暮らしに不安を感じ、意見を言うだけで「反対派」とレッテルを貼られた人もいる。釜沢に暮らす谷口昇さんは、他の人もいる工事説明会でJR東海の社員に「反対派の立場の谷口さんだからそう言うんですよ」と言われたことがある。同じ集落で、村で、一緒に暮らしていくために口を閉ざす人が増えた。

着工当時、村を担当していた別の記者は、大企業のJR東海や「国策民営」事業のリニア中央新幹線計画に、小村が向き合う難しさを感じた。村に恩恵は少なく、暮らしや自然への工事の影響は確実にある。でも286キロの沿線で大鹿村だけ反対はできない――。着工に同意した前村長、柳島貞康さんは当時の板挟みの思いを口にした。

力の差は今も感じる。ダンプの土曜運休を求める村観光協会の請願を村議会が採択しても、JRは工期を優先して受け入れに難色を示す。「リニアの開業まで村の観光が持つだろうか」と会長の平瀬定雄さんは心配する。

リニア計画の最大の目的は東京と名古屋、大阪を短時間で結ぶことだ。東京から名古屋まで約40分、大阪まで約67分。その陰で村は傷を負い、痛みを強いられている。その重さをJR東海は本当に分かっているだろうか。村へのアクセス道が改良されても、人口減少と疲弊は続いている。

JRの社員は21年暮れ、釜沢のあいさつ回りでリニアのカレンダーを配ったという。その工事でこんなに苦しんでいるのに――。自治会長の中村政子さんは受け取れなかったと打ち明けた。

（佐藤勝、小内翔一、青木信之）
（２０２２年2月4～18日＝全13回）

「沈黙の谷」その後

大鹿村では、リニアのトンネル工事で出た残土を運ぶダンプカーなど工事関係車両が今も走り続けている。２０２２年9月に役場前を走った車両は1日平均６８０台。23年3月までは1日８２０台が走る見込みだ。

村観光協会はＪＲ東海に対し、工事が休みの日曜日に加えて土曜日の工事車両運休を求め、話し合いを続けている。県の要請もあり、ＪＲ東海は22年、土曜日の工事車両運休を前年の年間２日から17日に拡大。行楽期の10、11月は毎週土曜日を休みにした。ただ、協会が求める土曜日の全面運休には至っていない。

会長の平瀬定雄さんは、「村の観光業は、経営者の高齢化にリニアの工事の影響も重なって疲弊している。将来が見通せなくなっている」と変わらぬ嘆きを口にする。

一方、小渋川の支流、鳶ケ巣沢《とびがす》の下部に残土を盛り土する計画をめぐっては、事業主体の村が23年1月着工の意向を示した。ＪＲが施工する。村内から出る残土の約1割、27万立方メートルを処分する計画だが、上流部に大規模な崩壊地があり治山事業が進められてきた場所で、村民には不安の声もある。

CLOSE UP

公民館報が呼んだ波紋――村区長会が問題視

村内全戸2200世帯に配付する「議論の場」

下伊那郡豊丘村の村公民館報「とよおか」に掲載された、村内を流れる虻川《あぶかわ》の支流の沢筋にリニアのトンネル工事で出た残土を盛り土することを批判した連載記事について、村区長会が掲載中止を公民館側に求めていたことが、信濃毎日新聞の取材で分かった。区長会は「あまりにも偏った記事」と主張。公民館側は「自由な議論の場を守りたい」と全33回を最後まで載せ、区長会が投稿した「見解」も紹介した。

リニア工事をめぐっては、伊那山地トンネルの坂島非常口(坑口)と戸中《とちゅう》非常口で2021年夏、トンネル掘削が開始した。それぞれ残土を同村神稲《くましろ》の山林「本山《ほんやま》」に東京ドームおよそ1個分130万立方メートル、戸中に約26万立方メートルを埋め立てる工事が進む。人家が近い源道地《げんどうじ》も候補地として検討されたが、下流域住民が反対署名を展開し、JR東海が16年に取り下げた経緯がある。

公民館報の連載のテーマは県内のリニア工事で出る残土置き場としては最大規模となる本山での計画。神稲で生まれ育ち、盛り土に反対する元教員の原章さん(69)が投稿し、19年3月から22年2月までの約3年間、ほぼ毎月掲載された。盛り土の危険性や排水設備の劣化など長期管理への不安などを訴えた。

区長会が21年10月に掲載中止を求めたことから、公民館側は11月号で区長会の「見解」を公民館報に掲載した。「筆者の一方的な考えや主張が相当回数掲載され、村民の不安を誘発する文脈」「公平中立が求められる公民館のあるべき姿から遠い状況にある」との内容だった。

区長会は隣組でつくる自治会のさらに上部組織に当たる7つの区の区長でつくる任意組織。見解掲載後、村内からは「区長会は議会と並ぶ影響力がある重要な組織。(掲載中止要請は)自主性が尊重されるべき館報への圧力とも受け取れる」との声も寄せられた。

豊丘村の公民館報は営利目的などでない限り、投稿はすべて掲載することを原則としている。村民全員が読み手であり、書き手である、開かれた紙面を目指しているためだ。区長会の見解掲載と合わせ、編集人の編集委員会と発行人の市沢和宏公民館長(62)は連名で「皆様の声はとても大事」とし、今後も「テーマを限定せず投稿を受け付ける」と公民館報に記した。

「公民館の政治的中立性が保たれていない」

「読んだ?」

元教員の原章さんの連載は、次第に区長たちの間で話題に上るようになった。工事の影響を受ける区の一つ、伴野《ともの》区の区長で、本山の地権者代表を務める長谷川義久さん(71)は約7年間、JR東海との協議を担ってきた当事者だけに敏感に反応した。

村は、山深いトンネルの坑口近くで残土を処分することで里に運び出すのを避け、ダンプカーが村民の生活圏を通行する量を抑えている。長谷川さんは本山で残土を受け入れなかった場合、トンネル工事が予定される少なくとも7年間、ダンプカーが住宅や学校などが集まる村中心部を多く通ると懸念していた。「子どもたちが事故に遭ったら命は戻ってこないし、粉じんで洗濯物も干せないかもしれない。静かな暮らしをJRに壊されたくはない」

村内に不安や反対の声がある中、盛り土は「ベストではなくベターな選択」。JR側が示した当初計画より排水設備を増設して安全性を高めることや、盛り土をした後もJR側が土地を買い取って管理を続けるよう要求してきた。月に2、3度、協議のため自宅を訪れた社員に「きつい意見」も言い、「さんざんやり合いながら」粘り強く交渉。電話のやりとりも重ねた。

一方、原さんは、本山の盛り土に関する議論の場を公民館報に求めた。1961(昭和36)年に伊那谷を襲った豪雨災害「三六災害」で氾濫した虻川上流で大規模な盛り土をすることへの不安は消えず、「命や財産に関わる大切なことなのに、自由に意見や情報を交換することもなく、重苦しい雰囲気」とつづった。反応が欲しかった。

「賛否両論あるテーマなのに、なぜ公民館は偏った記事を平然と載せ続けるのだろうか」。残土問題は重要な村政課題の一つ。長谷川さんら区長たちは「公民館の政治的中立性が保たれていない」と感じ、不満を募らせた。

区長たちは、本山の残土処分を進めてきた下平喜隆村長に「公民館報の現状をどう考えているのか」と詰め寄った。「いろいろな意見があっていいんだ」。公民館報の自由な編集を担保する社会教育法は、国や地方公共団体が公民館活動に干渉することを禁じている。下平村長はこのまま見守るつもりであることを伝えた。

区長会長(当時)でリニア関連工事に関するJR側との協議に携わってきた北沢貢さん(75)は、公民館側に「(回数を減らして)あと3回くらいでまとめられないか」と要望。区長たちはその後、紙面上で掲載中止を求めることを決めた。

「言うべきことは言う」と長谷川さんが原稿の執筆を担当。盛り土を受け入れた経緯を示し、「豊丘村民、特に子どもたちに迷惑がかからない方法が他にあるのでしょうか」と反論した。筆は止まらず、「見解」は1400字余に及ぶ。「(連載の)掲載を中止すべきではないでしょうか」と締めくくった。

連載を中止すればどうなるか

「区長会からこのような見解が来ました」。21年10月、豊丘村公民館報11月号の内容を検討する編集委員会の会議の冒頭、同館長の市沢和宏さんはこう切り出した。掲載中止を求める区長会の「見解」には辛辣な言葉が並び、企画会議は重苦しい空気に包まれた。

公民館報への投稿は近年少なく、連載持ち込みは珍しいことだった。編集委員会は政党・宗教活動、営業目的の場合を除き、実名を条件に投稿を原則掲載する。原さんが送った記事と写真は19年3月からほぼ毎号、2ページ目の左上に掲載され、ページ全体の4分の1近くを占めた。

区長会の「見解」が提出された時、農業の傍ら編集長を務める壬生雅穂さん(54)の頭に、ある後悔がよぎった。

11年の村議選で当選した議員への恒例のアンケート。議員報酬に「日当制」を導入し、報酬を削減する自治体が出る中、村内でも日当制の導入を公約に掲げて当選した議員がいた。編集委員会はそれぞれの議員が日当制をどう考えるか聞いてみようと設問に加えたが、議会から設問の変更の申し入れを受けて緊急会議を開催。議論は紛糾したが、結局設問を取りやめた。議会側には、日当制が議員活動になじまないとの考えがあったとみられる。

後日、壬生さんは一部始終を取材して記事化。「(議会の)要請を拒否する姿勢が貫けなかったことを猛省している」とつづった。その後に議会から寄せられた自身の記事への反論も掲載した。

壬生さんは、公民館報にはその時々の村の姿を記録する役割がある——と考える。村民視点で地域を見つめ、時に村政をただす記事も書く。下伊那農業高校(飯田市)の新聞部時代に感じた「物を書くことの影響力」を意識する。どんな反応があるのか、掲載までは緊張が続くが、それ以上に村民が読んでくれているとの感触が背中を押す。

「自由な議論ができる場を守りたい」。もし区長会の求めに応じて連載を中止すれば読者であり、書き手でもある村民が萎縮し、自由な投稿ができなくなってしまうかもしれないことが怖かった。連載への反論は掲載するが、中止要請は受け入れるわけにはいかなかった。

他の編集委員も連載継続の方針は一致していた。見解を読んだ委員たちはそれぞれが感じたことを口にした。「そのまま掲載するべきだ」と言う編集委員もいれば、「村民は紙面上でけんかをしているように感じてしまうのではないか」と意見の対立だけに目が向くことを心配する声が出た。「これだけ厳しいことを言われとる。その厳しさをそのまま村民にぶつけてみてもいいんじゃないかな」と、読者にありのままを伝えようとの意見も上がった。

編集委員の意見を黙って聞いていた壬生さんは腹案を口にした。「区長会はそれなりの覚悟を持って書いてきたので、このまま載せたい。原さんへの反対意見を載せることが公平公正な姿。読者にそこを見てほしい」

異なる意見を差別しない

豊丘村の公民館報編集委員会は、原章さんの連載と、その妥当性や公民館の姿勢を疑問視した区長会の「見解」を21年11月号に合わせて掲載。村民２人から反響が寄せられ、早速、12月号に載せた。元村議唐沢啓六さん(81)は公民館の政治的中立性について「異なる意見、対立する考えを差別しないこと」と捉えた上で、区長会は任意団体だが村とつながりが強く、村民感覚では「公」に近いとして、「圧力ともとれる意見を述べることは正しい判断ではない」と記した。公民館報に時々投稿している日下部《くさかべ》富次さん(90)は、どんな内容でも発言自体を否定するのは望ましくなく「平和な山村を維持するためにも互いに考えを言い合える社会を守りましょう」と紙面で呼びかけた。

同月号には、公民館長の市沢和宏さんと編集委員会が連名で囲み記事も掲載した。「皆様の声はとても大事」と、今後もこれまで通りさまざまな投稿を受け付ける、と記した。

同じ頃、市沢さんは区長会の求めに応じ、公民館の今後の方針を文書で回答している。当初は顔触れが固定化しがちな編集委員の選出方法見直しに言及しようとしたが、編集委員会から「館長が気に入った委員だけを選ぶことにつながり、外部からも人選に介入される恐れがある」との反対もあり、盛り込まなかった。公民館報は発行人を館長、編集人を編集委員会と分けることで同委員会が外部や館長からの干渉を受けずに紙面作りをする「編集権の独立」を保っている。人選が恣意的なら独立も揺らぐためだ。

公民館報をめぐっては、過去に公民館の公平性や中立性を問う裁判が起きている。さいたま市の公民館は14年、公民館報の俳句コーナーで市民の作品「梅雨空に『九条守れ』の女性デモ」を不掲載にした。掲載を拒否した公民館側に対し、二審東京高裁は「思想、信条を理由に不公正な取り扱いをした」などと指摘し「不掲載は違法」と判断。判決はその後確定した。憲法で保障された「教育を受ける権利」の一つ、社会教育の自由が問われた初の裁判ともいわれている。

記者は今回の問題について他の村民にも受け止めを聞いた。会社員の40代男性は「陰で連載をやめさせるのではなく、堂々と紙面上で意見を交わして良かった」、50代女性は「連載をどう受け止めるかは読者の村民が判断すること。自由に議論すればいいのではないか」と話した。

1965(昭和40)年、飯田下伊那地域の公民館主事のグループは、民主的な学びを保障するための「下伊那テーゼ」を発表。テーゼ作りに関わった下伊那郡松川町の元公民館主事松下拡《ひろむ》さん(91)は「住民は意見をどんどん出し合い、その意見をつなぎ合わせていくのが公民館の役目」と説明する。同じくテーゼ作成に関わった同郡阿智村の元公民館主事で前阿智村長の岡庭一雄さん(79)は「村政に批判的な意見は、地域課題を学ぶきっかけになる。編集委員が地域課題を取材し、時に村政と対立する意見も掲載することが大切だ」と話す。

原さんは22年2月、全33回の連載を終えた。リニア工事をめぐる議論に一石は投じたが「もっと反応が欲しい」と願う。

千葉大学名誉教授(社会教育学)の長沢成次《せいじ》さん(70)は、盛り土を容認する立場の住民からも積極的な投稿があってよいのではないかとし、「政治が絡むテーマを扱うのは公民館にとって苦しいことだが、そこを乗り越えて住民による自由な学びの場を保障することが重要」と訴えている。

下伊那テーゼ　飯田下伊那地域の公民館主事グループが1965年、憲法に根差した社会教育を実現しようと、公民館主事の性格や役割をまとめた「下伊那テーゼ(提言)」を発表、全国から注目を集めた。憲法と教育基本法の理念に基づき、民主的な社会教育活動の発展に尽くすこととし、活動の柱として、人間らしく生きるための権利への目覚め、権利を侵害するものを乗り越える力を養うことなどを挙げた。経済成長に伴う開発が盛んになる中、公民館で行政の方針に批判的な学習活動も盛んに展開され、行政による主事の不当配転が県内で頻発したことが背景にある。今も公民館活動の基本理念とされる。

(2022年5月4〜7日)

第3部

残土漂流

埋め立てが始まった飯田市下久堅地区の谷.
風越山(奥中央)の麓のリニア工事現場から残土が運ばれてくる.
2022年3月10日.

穴を掘れば土が出る。東京・品川―名古屋間の86％がトンネル区間となるリニア計画で、掘削工事により出た残土をどう活用し処分するかが、JR東海にとって待ったなしの課題になりつつある。2021年7月に静岡県熱海市で起きた土石流災害を機に、適切な処分に注目が集まる残土。第3部は、これまでリニア工事と直接関係のなかった場所を含め伊那谷や木曽地方の沢で、谷筋で、残土をめぐる問題に向き合う地域を見つめる。

「土捨て場候補になるとは」

雪解け近い2022年3月初めの山の中、せせらぎは透き通っていた。下伊那郡阿智村清内路《せいないじ》の黒川に、地元の人たちが「クララ沢」と呼ぶ小さな谷川が流れ込む。沢沿いには、春から秋に農作業のため本宅を離れて田畑近くに移り住むこの地域の慣習「出《で》作り」にかつて使われた家や炭焼きの窯の跡が残る。

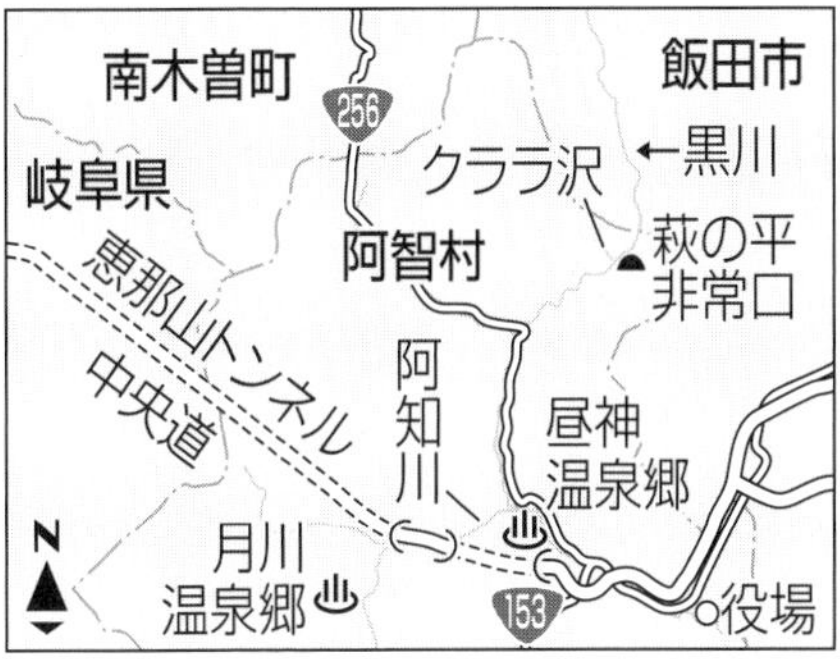

「まさかクララ沢が土捨て場の候補地に挙げられるとは思わなかった」。地元で大工を営む桜井武人さん(51)は静かに話した。祖父の忠武《ただむ》さん(故人)から受け継いだ土地には、近くの萩の平にできるリニア中央新幹線トンネルの坑口(完成後は非常口として利用)から出る残土を置く案が検討されている。

桜井さんら一帯の地権者が手を挙げたわけではない。村が16年、残土の処分先を黒川の上流域で探すようJR東海に求めた経緯がある。残土を運ぶダンプカーが、清内路地区を抜ける村道や昼神温泉郷近くの国道256号を走るのを避けるためだった。

JRからクララ沢の名前が挙がったのは17年4月。「候補地にしてよいかどうか調査したい。ボーリングに入らせてほしい」。桜井さんはJRから求められ、「調査ぐらいなら」と了承した。しばらくして「本格的に測量したい」と言われ、それも認めた。

調査開始から約3年半。ＪＲは残土約20万立方メートルを埋める詳細設計図を作り、住民説明会の開催を検討する。残土の埋め立てを了承したわけではないが、いつの間にか流れができてしまっている。

桜井さんはクララ沢の近くで祖父母に育てられた。幼い頃に両親が離婚し、父親はトンネル工事の作業員として全国を渡り歩いていた。祖父には借金があった。以前、清内路を離れる知人に「どうしても」と頼み込まれ、一帯の山を買い受けたからだった。

夏はたばこ栽培、冬は炭焼き、合間に養蚕をして生計を立てていた祖父。たばこの葉を干す作業などを夜遅くまで続け、同じ時間に寝ることはほとんどなかった。30年ほど前、借金をようやく返し終えた年に祖父は力尽きるように亡くなった。72歳だった。

小学校高学年の時、祖父に誘われて山に入った。土地の境界線を教えるかのようにぐるりと歩き、足を止めた。「これは武人が大きくなったら売るように育てた木だ」。口数の少なかった祖父は、ヒノキを見上げて言った。

思い出を慈しみながら桜井さんは口にする。「できることなら1メートル、1センチたりとも譲りたくないんだけれど」

「クララ沢はあくまでＪＲが挙げた候補地だ」。工事の課題への対応を協議するため地元関係者や村議会の代表などでつくる村リニア対策委員会や村は説明する。残土を受け入れるかどうかは、住民の声を踏まえて対策委や村などが判断するとしている。

桜井さんは村が住民を交えて話し合ってきた経過も知っている。「残土はどこかに埋めないとどうしようもない。誰かが犠牲になるしかないのではないか」。そんな諦めが口をつく。

祖父母の結婚記念に植えた栗の木、桜井さんの小学校入学を祝うヒノキ。生家近くの村道沿いには、家族の歴史を刻んだ記念樹が育っている。それらの木々には今、リニア工事に備えた道路拡幅に向け、伐採予定を示すピンク色のテープが巻かれている。

リニア工事で出る残土　JR東海は残土の量を東京―名古屋間で5680万立方メートル(東京ドーム約46個分)、県内で974万立方メートル(同約8個分)と見込む。県内の内訳はトンネル工事で950万立方メートル、切り土工事などで24万立方メートル。沿線1都6県では岐阜県、神奈川県の次に多く、トンネル工事だけだと最多。JRはリニア建設事業での活用の他、公共事業や民間事業などでの有効利用を目指すとしている。活用先や処分先が決まった残土は全体の約7割だと説明。県内分は飯田下伊那、上伊那地方の計14カ所で約3割の活用・処分が決まっている。

農地集約の「資源」として

北西に飯田市のシンボル風越山《かざこし》(1535メートル)を望む。谷の一角に白い土砂が積まれていた。砂のような質感の土砂には頭や拳ほどの大きさの岩も交じる。岐阜県中津川市までを結ぶリニア中央アルプストンネル(23・3キロ)建設に向け、飯田市内で始まった作業用トンネルの掘削で出た残土だ。同市下久堅《しもひさかた》地区の伝田沢《でんださわ》川の谷は、市内の公共事業以外で今のところ唯一決まった残土置き場だ。約3ヘクタールの範囲に最大19メートルの高さまで20万5000立方メートルの残土を埋める。2022年1月に搬入が始まり、3月上旬のこの日は敷地内の工事用道路をバックホーで整えていた。

「田んぼの下から水が出て、中に入るとここら辺まで沈むんな」。9人の地権者の1人で近くの農業、三石政司さん(67)は膝の上の辺りを両手で示す。谷にはもともと10枚ほどの棚田が広がっていたが、湿地帯でトラクターも入れなかった。近年は大半が耕作放棄地になっていた。

残土でかさ上げすれば、農地の集約も、耕作や管理もしやすくなる。他の地権者も「喜ばしいこと」と期待する。

JR東海がリニア工事の残土置き場を求めている——。三石さんが話を耳にしたのは13年ごろだった。月例の地元常会の席で、常会の上にある住民自治組織「下久堅地区まちづくり委員会」が、市からの打診で候補地を探していると報告があった。

「そんな場所ねえらあ」との住民の声も聞こえる中で、その後に三石さんは思い付いた。「ここどうずら」。伝田沢川の谷沿いの棚田を挙げた。「埋められるっちゃあ、埋められるな」。周りの地権者も理解してくれた。

三石さんの実家は地元で牧場を営んでいた。都内の大学で3年に上がる直前、父親の体調が理由で中退。帰郷して家業を手伝った。その傍らコメ作りを手掛けるうち、高齢になった地域の農家から水田の管理を次々に頼まれた。40代で350アールほどを耕作し、コンバインと乾燥機を導入。20年ほど前には牧場経営をやめ、稲作に力を注いだ。

人口減少と高齢化がさらに進んでも、条件の良いまとまった農地なら「誰かに貸して耕作を継続できるのではないか」と思う。だからこそ残土を「資源」として受け入れようと考えた。

ＪＲは安全のため、盛り土が密着するよう地盤を階段状にしてから埋める計画だ。地下に排水管を設けて「30年に1度の大雨にも対応できる」という対策を施す。14年に環境調査に着手して以降、一帯の住民に説明してきた。

埋め立て範囲の端から２００メートルほど下流には住宅が数戸ある。過去には大雨の際に沢の水があふれたこともあるという。付近に暮らす男性は「地域が発展するのは賛成だけど、災害が起きないようにしてくれんとたまらん」と不安をにじませる。

でも、それ以上は語らない。「いろんなことを言って地域がぎくしゃくするのは嫌」だからだ。当初は実名で取材に答えてくれたが、２度目には「家族に『あんまりしゃべらん方がいい』と言われた」と言葉少なになった。

伝田沢川が流れ込む知久沢《ちくざわ》川沿い。関口朝子さん(91)は「捨て土は持ってきてくれるなと言いたいけど、それは私っきり。周りからは『もう遅い』って言われて……」。自分の思いをようやく話せた、と口にした。

県内の残土活用・処分先　ＪＲ東海によると、県内で決定した残土の活用・処分先は7市町村の計14カ所。活用・処分量は計２８９万立方メートルで、県内工事により生じる残土９７４万立方メートル全体の約3割に当たる。市町村別では下伊那郡大鹿村4カ所、飯田市3カ所、同郡喬木村と豊丘村が各2カ所、伊那市と同郡高森町、上伊那郡中川村が各1カ所。飯田市下久堅の残土置き場のように谷を埋め立てる他、工業団地の造成など一部は公共事業にも活用する。

「川を埋めるのは、恐れ多い」

その瞬間を見たのは後にも先にも一度きり。「あの記憶は忘れんよ」。木曽郡南木曽町の住民組織「妻籠《つまご》を愛する会」の事務所で、理事長の藤原《ふじはら》義則さん(74)が記憶を手繰るように目を細めた。

1965(昭和40)年7月1日午後3時ごろ。町内にある蘇南高校の3年生だった藤原さんは、教室で1学期末試験の最後の科目「倫理・社会」の問題を解いていた。大雨は一段落し、この時はやんでいたように思う。

ゴオォォ。異様な地響きがした。「おいっ、抜けてくるぞ」。同級生が叫んだ。木曽川を挟んで対岸の支流、大沢田川に目を向けた。「蛇抜《じゃぬ》け」だ。巨大なヘビが沢筋をはうように見えることから、地元では土石流のことを昔からそう呼んでいる。窓際にへばりつき、固唾をのんだ。

木々が立ったままゆっくりと沢を落ちてきた。続いて激流とともに下ってきたのは大きな石、石、石。土砂を押し出す濁流が沢からあふれた。「戦車が100台くらい連なって走るような音だった」。当時の轟音をそう表現する。

南木曽町誌によると、この日の豪雨と複数の河川氾濫で町内では家屋8戸が流失。全半壊、浸水は計54戸、232人が被災した。

町内ではリニア中央新幹線の中央アルプストンネル(23・3キロ)の掘削に伴い、約180万立方メートルの残土が出る。町は当初、「それだけの量を受け入れる適地はない」と町内での処分に難色を示した。土石流災害が繰り返される町で、町民には残土への抵抗感があった。2014年には大沢田川に近い梨子沢で発生した土石流で、男子中学生1人が犠牲になっていた。

「少量でもいいので候補地があったら紹介してほしい」。JR東海と県が町に申し入れたのは16年11月。町は住民に公募し、22年2月末までに40カ所が寄せられた。これらを基に、JRは7カ所の残土置き場候補地と木曽川右岸道路整備への活用の計8カ所を検討する。

その一つは同町吾妻の国道256号沿いの工場跡地。21年12月、候補地とする方針をJRが説明した町リニア中央新幹線対策協議会の場で、委員の藤原さんは「反対だ」と声を上げた。すぐ下には蘭《あららぎ》川とその支流が流れ、下流域に旧中山道の妻籠宿がある。「妻籠を愛する会」が長年、江戸時代の雰囲気が残る町並みを保存しようと汗を流してきた場所だ。

「蛇抜けのリスク(危険性)を考えれば、残土置き場には不向きだ」

伊那谷にも一定世代の記憶に残る災害がある。1961(昭和36)年の豪雨災害「三六災害」だ。天竜川の川幅が狭くなる飯田市天竜峡の上流に当たる川路、龍江《たつえ》、竜丘《たつおか》地区で大規模な氾濫が発生。各地で土砂崩れや土石流が起きた。県内の死者・行方不明者は計136人、浸水戸数は1万8488戸に上った。

同市龍江の林宗吉さん(72)は当時、12歳。自宅は被害を免れたがその後、下伊那郡大鹿村の大西山が崩落し、320万立方メートルにも上る土砂が崩れたことなどを学校の授業で知った。

今、自宅脇を流れる清水川(清水沢川)の数百メートル上流の谷間をリニア工事の残土で埋める構想がある。「川を埋めるのは恐れ多いこと。いつか崩れて土石流が起きないか」

南木曽町の残土置き場候補地　JR東海がトンネル工事で出る残土をめぐり、南木曽町内で協議、検討している置き場の候補地は8カ所。このうち5カ所は、作業用トンネルの坑口(完成後は非常口として活用)に近い同町吾妻の国道256号沿いの工場跡地と周辺にある。他に同町吾妻のかつて採草地だった国有林、同町読書《よみかき》のJR中央西線十二兼《じゅうにかね》駅北側の民有地、さらに県が進める木曽川右岸道路工事への活用も検討している。JRは町内の工事で約180万立方メートルの残土が出ると見込んでいる。

下流域「土石流が起きたら…」

高さ30メートル余。見上げた高架橋に、2019年11月に開通区間が延びた高規格幹線道路「三遠南信道」が走る。「あれぐらいの高さまで埋め立てる計画なんです」。飯田市龍江を流れる清水川(清水沢川)の谷の底で22年2月下旬、地元の小木曽悦人《おぎそえつと》さん(64)が指さした。

谷は、リニアのトンネル工事で出た残土約40万立方メートルを埋め立てる候補地に挙がっている。計画された約4・5ヘクタールの数百メートル下流からは、小木曽さんの自宅を含む住宅地が広がる。

三遠南信道を北へ車で走り、助手席から下流を見下ろすと、谷筋の先に集落が見える。

「いつか想像を絶する土石流が発生して、相当の人家が被害に遭うんじゃないか」

三遠南信道の高架橋が立つ清水川(左)の谷．上流(手前)に道路より高く残土を埋める計画がある．2022年2月24日，飯田市龍江．

龍江地区は今、残土を受け入れるかどうかをめぐって賛否が割れている。候補地になったのは13年、住民自治組織「龍江地域づくり委員会」が手を挙げたのがきっかけだ。リニア計画の推進に賛同する市は、残土置き場の候補地がないかどうか、市内の各地区に照会していた。

地元とJR東海との協議が進む一方で、下流に住む住民の不安は膨らんだ。19年、小木曽さんら10人ほどは「龍江の盛土《もりど》を考える会」を結成。地質や防災の専門家を招いて学習会を重ね、21年3月にはJRや市、地域づくり委に計画取り下げを求めた。

地区全体の住民は約1000世帯。地域づくり委が候補地に手を挙げた経緯もあってか学習会の呼び掛けに回覧板は当初使えず、チラシを自分たちの負担で新聞に折り込んだ。地域づくり委の役員らと話し合った際は考え方が折り合わず、怒号も飛んだという。

地権者の1人で埋め立てに反対する男性(86)は21年春までの4カ月間ほど、不審な電話が計十数回あった

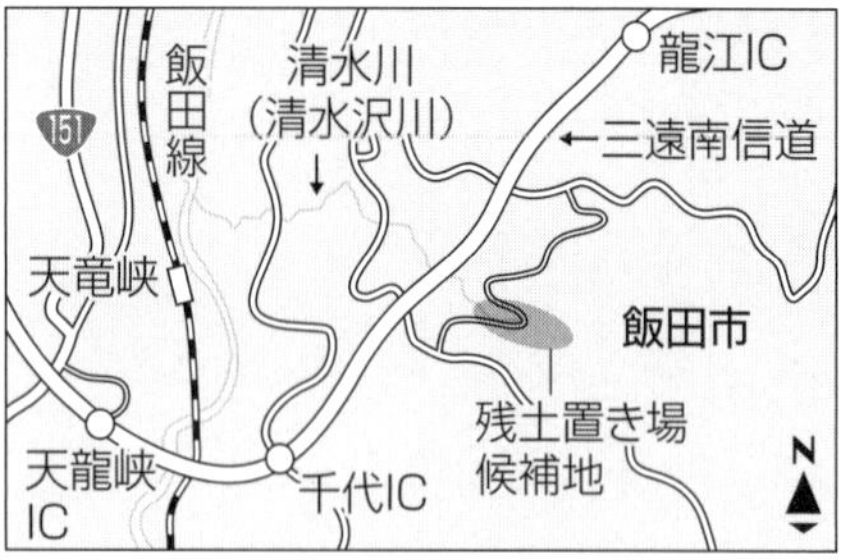

と打ち明ける。「いくら金が欲しい。盛り土で何をがたがた言っとるんだ」「年寄りが出しゃばるな」——。かかってくるのは午前5～7時ごろや夕方、名乗らない男の声だった。

電話の声に聞き覚えはなく、すべてが同じ人物ではないように感じた。ある時は荒っぽい話し方、別の時には「リニアは国家事業だから……」と説教めいた口調だった。苦しくなり、その時間の電話は取らないようになった。

龍江は生まれ育った場所。子どもの頃、家族が桑畑を水田に変えた時には、地域から十数人が出て耕すのを手伝ってくれた。そんな愛着のある土地なのに、今は「逃げ出したい。ここから」。そう話した。

22年2月9日朝、小木曽さんは信濃毎日新聞の記事を見て驚いた。飯田市が前日に発表したリニア関連工事の新たな工程表に、龍江地区の残土置き場について「23年度以降に準備工事、残土受け入れ」の予定が示されたことを伝えていた。

21年3月に計画の取り下げを市などに求めて1年経つが、これまでに返答はなかった。反対の声を無視して進めるということか——。確かめるために小木曽さんは2日後の11日、考える会会長の林平吉さん(68)と市役所を訪ねた。

「地域で円満に話し合ってほしい」。市リニア推進課の担当者は無理強いするつもりはない、と強調した。ただ、小木曽さんには釈然としない部分も残った。「取り下げを市が検討しないのは、推進したい姿勢の表れではないか」

飯田市の残土置き場と候補地　ＪＲ東海などによると、飯田市内で確定した残土置き場は3カ所。リニア長野県駅（仮称）の建設に伴い移転した住民向けの代替地整備に約3万5０００立方メートルを活用。下久堅地区の伝田沢川の谷に約20万5０００立方メートルを埋める作業が始まっており、龍江地区の龍江インター産業団地に約3万立方メートルを運ぶ予定で調整中。候補地は龍江地区の清水川（清水沢川）の他、測量や地質調査、概略設計を進めている山本地区の土地などがある。市内のトンネル工事で出る残土は約１８０万立方メートルの見込み。市は風越山周辺の掘削現場で出た残土を、中央道飯田インター（ＩＣ）から三遠南信道経由で龍江、下久堅地区に運ぶルートを示している。

埋め立て判断は地元に「丸投げ」

自宅の玄関の上がり口に記者と並んで腰掛け、戸口の方を見つめながら記憶をたどっていた。「使い勝手の良い土地ができれば、農業をやるにしても機械化ができる。入植してくれる人もいるのではないかと考えた」

２０２２年2月8日、飯田市龍江の自宅で藤本典治《みちはる》さん(80)は、龍江地区の清水川（清水沢川）を残土置き場候補地として市に挙げた経緯を振り返った。

13年の当時、藤本さんは地元の住民自治組織「龍江地域づくり委員会」の会長を務めていた。市から各地区に候補地がないか照会があり、沢や谷の地権者の声を聞いた。天竜川の東の龍江地区は傾斜

上流側(下)が残土置き場候補地になっている清水川の谷．下流(奥)には集落がある．2022 年 3 月 15 日，飯田市龍江(地権者の承諾を得て小型無人機で撮影)．

地が多く、リンゴも野菜も斜面の段々畑で作っている。平らな土地には潜在的な期待があった。

沢や谷ではないものの、地区には盛り土で生まれた土地があった。天竜川に面した「今田《いまだ》平《だいら》」だ。１９６１(昭和36)年の豪雨災害「三六災害」で浸水した約28ヘクタールに約１２０万立方メートルの土を盛り、地盤を高くした。農地で機械化を進めるのも容易だった。

清水川の谷についても藤本さんらは何人かの地権者に尋ねた。「あそこが平らになるならいいじゃねえか」との声が多かった。地区として清水川を含め5カ所を、候補地として市に挙げた。

「沢や窪地の埋立てが見込まれる場所がありましたら、御記入下さい」。市が13年、残土置き場になる土地の情報を各地区に文書で求めたのは、リニア計画を進めるＪＲ東海の要請に応じた県からの依頼だった。市がこれまでに県に提供した土地の情報は、公共事業での活用予定箇所を含め、20カ所以上に上る。

市内の各地区が挙げた情報を、市で取捨選択することはない。市リニア推進課の下平泰寛課長(54)は「基本的に頂いた情報のすべてを、県へ報告している」と説明する。机に広げた書類の「活用」の文字を指さして言う。「土捨て場じゃなく、発生土(残土)の『活用』が目的で地区の方も挙げている。市で選別するわけにはいかない」

一方、龍江地区のように残土置き場をめぐって住民の賛否が割れる地域についても、市は積極的に関わっていない。「地元で多様な観点から話し合うことが重要」だとし、一歩引いた姿勢を示す。

その結果、地域の安全に関わる重い判断を、龍江地区は住民だけで下すことを求められている。残土埋め立てによる災害の発生を懸念する「龍江の盛土を考える会」で事務局を担う小木曽悦人さんはこぼす。「ＪＲ東海はリスク(危険性)の説明をしない。市は龍江に判断を丸投げ。責任の所在がすごくファジー(曖昧)だ」

龍江地域づくり委員会は20年、清水川の下流の住民を含め約30人でつくる「埋め土対策委員会」を設置し、藤本さんは委員長を引き受けた。最初に議論したのは測量を受け入れるかどうか。意見は折り合わず、同じ年の暮れに２回目の会合を開いて以降、話し合いを持てていない。

リニアの残土をめぐる活用と安全への思い。誰もが「地域のために」と思いながら、擦れ違う。藤本さんは、組んだ両手を落ち着きなく動かしながらつぶやいた。「なんでこうなっちゃったんだろう。分からない」

飯田市川路・龍江・竜丘地区治水対策事業　大雨による天竜川の水害に繰り返し見舞われた川路、龍江、竜丘地区の治水対策として国、県、市、中部電力が1985（昭和60）年3月に基本協定を締結。92年に始まった工事では天竜川両岸の3地区計約98ヘクタールに約421万立方メートルの盛り土をして一帯をかさ上げした。2002年に完成。河川や鉄道、道路の改修を含め総事業費は約470億円に上った。かさ上げで左岸の龍江地区にできた「今田平」には、龍江番入寺地区のリニア残土置き場の候補地に隣接する山を切り崩した土が使われ、土取り場は工業団地になった。

「谷ばかりの下伊那を平らに」

年輪を刻んだかのような、しわがれた声で語りだした。「過疎化は止まらんに」。下伊那郡下條村の前村長、伊藤喜平さん(87)は2022年2月末、自宅の書斎で記者と向き合った。レースのカーテン越しに窓の外を見やる。「大変だ」

16年まで6期24年にわたり村長を務めた伊藤さんは、行財政改革で財政健全化を図り、子どもの医療費無料化や家賃の安い村営住宅の整備で、近隣などから子育て世代の移住を引き付けた。2000～05年のうち03年を除く5年間は、女性1人が生涯に産む子どもの推定人数を示す合計特殊出生率が2・0人を超え、全国や県の平均を大きく上回って注目を集めた。

しかし人口減少の流れには逆らえない。退任の前年に村の人口は4000人を割り、現在は約3600人だ。「首長が何もしなければ何も起きない」。地盤沈下を座して待つことになる」。打開へ期待したのが、11年5月の整備計画で飯田下伊那地方を通ると決まったリニア中央新幹線だった。

課題があった。「とんでもない量だ」。リニア路線が通る市町村の首長らから戸惑いの声が上がったのは13年8月。ＪＲ東海は県内工事で出る残土の量が、トンネル工事だけで９５０万立方メートル（切り土工事などを含めると９７４万立方メートル）に上ると明らかにした。東京ドーム約8個分だ。1年ほど前に県が推測した「３００万〜５００万立方メートル」を大きく上回った。

その直後、信濃毎日新聞の取材にいち早く残土受け入れ検討の考えを示したのが下條村だった。候補地は道の駅「信濃路下條」の北にある沢筋の土地（約10ヘクタール）。リニア実現へ、地元市町村の意思を示さなければ——。伊藤さんは「協力するのは（ＪＲとの）あうんの呼吸だ」と思い出す。

「残土について協力するのは(JR 東海との)あうんの呼吸だ」．前下條村長の伊藤さんは当時を振り返った．2022 年 2 月 28 日，同村．

驚きの一方で楽観的な見通しも出ていた。「谷ばかりの下伊那では平らな土地を求める声が強い。谷筋を埋めて平らにすればいい——との意識があった」。同郡阿智村の前村長、岡庭一雄さん（79）は当初の市町村長の空気を明かす。ＪＲも「公共事業、民間事業で有効活用していただく」とし、残土の「資源」としての面を強調していた。

残土の活用・処分へ飯伊地方の各市町村が手を挙げ、同郡高森町の前町長、熊谷元尋さん（65、現県議）は「首長の間では『これでいけるだろう』という認識の時期があった」と話す。当初から残土処理に協力する雰囲気はあったが、そのうちに「土を使わにゃ損」「上伊那に取られるなら下伊那に」という流れになった——と言う。

同郡松川町が新たな残土置き場の候補地を挙げた時だった。飯田下

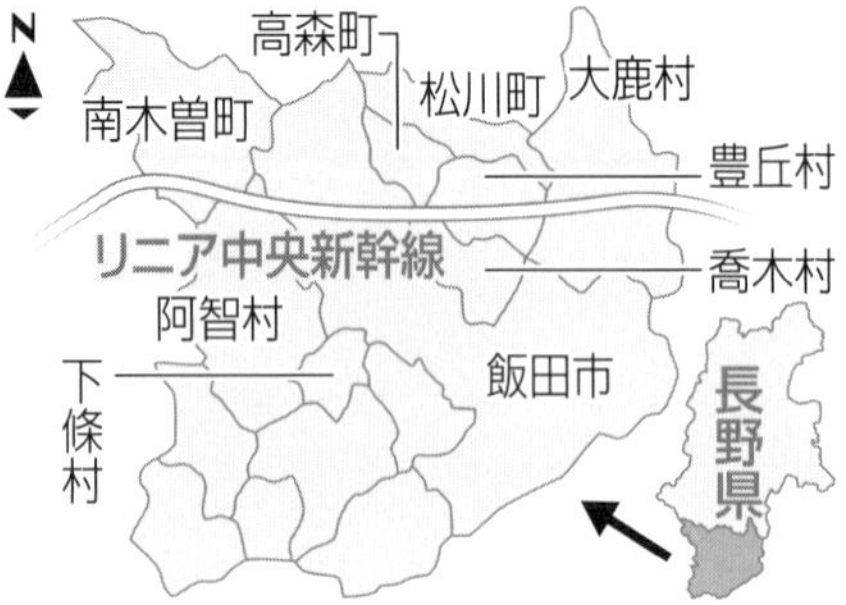

伊那の首長が集まった会合で、伊藤さんが「何を今さら。もっと先に言えばいい」と口にしたのを熊谷さんは覚えている。他で使える量が減るじゃないか、という心配に聞こえた。伊藤さんは取材に「言ったかもしらん。やるならやるで早く名乗りを上げればいい」と振り返った。

高森町でも町内から、残土で谷を埋め立てる提案は、熊谷さんの町長時代に2、3件あった。ただ、JRとの窓口である県に、こうした土地の情報を提供するのは控えた。大規模な盛り土には「災害への心配があったから」だという。

同様の不安は各地で上がった。その結果、残土の行き先が決まったのは県内で出る全体量のまだ3割。結果として首長たちの楽観は、外れた。

下伊那郡の残土置き場と候補地　JR東海によると、下伊那郡内で確定した残土置き場は計9カ所。豊丘村の本山《ほんやま》は130万立方メートル、戸中《とちゅう》は26万立方メートルと大規模な埋め立て地になる。大鹿村では村運動広場のかさ上げに10万立方メートル、旧荒川荘跡地に3万立方メートル、村歴史民俗資料館「ろくべん館」前の造成に5000立方メートルを入れた。喬木村ではリニア関連施設「ガイドウェイ」製作・保管ヤード（作業場）に7万立方メートルを埋め立て、リニア工事で移転する企業の代替地造成に3・5万立方メートルを利用する。高森町は産業用地造成に15万立方メートルを活用する。他に道の駅北側に受け入れを表明した下條村、阿智村、大鹿村、松川町、豊丘村などで候補地がある。

県は口を出せない？

朝から雨だった。6月の台風が8年ぶりに上陸した2012年6月19日。飯田市の県飯田消費生活センター（当時）で、飯田下伊那地方の市町村や国、県の担当者が集まるリニア中央新幹線建設推進飯伊連絡調整会議が開かれた。

「長野県はこれまでも新幹線や高速道路の建設によって、数々の残土処理を経験してきました」。2カ月前にできた県リニア推進振興室の室長だった吉沢久さん（61）は、リニアのトンネル工事で出る残土の処分に自信を示した。

北陸新幹線長野─上越間の工事を例に説明した。県内で出た残土182万立方メートルを、新幹線建設などで4割、残りを行政の公共事業で使っていた。「国、県、市町村が相互に協力し合ってJR東海と調整することで、この問題を乗り切ることができる」と続けた。

その10年後。県内のリニア工事で出る残土のうち活用・処分先が決まったのはまだ3割だ。

県は13年5月、伊那谷や木曽地方の市町村に残土の活用・処分先の照会を始めた。最初は「あくまでも搬出先（方面）や土量のおおまかな傾向を把握することが目的」だった。「担当者による推定で構いません」と断っていた。

「取扱い注意」と書かれた回答のまとめが残る。16市町村・機関が挙げた活用・処分量は計910万立方メートル。2回目の照会は5カ月後の10月だった。「JR東海との調整を行う候補地を見出すことを目的として」いると踏み込んだ。その後調整され、計1170万立方メートルの見込み量が出た。

同じ年の8月、ＪＲ東海は県内で出る残土がトンネル工事分だけで９５０万立方メートルと公表。見込みはこれを上回る。ただ、県の担当者が注目したのは市町村などが公共事業での活用を見込んだ量だった。見込み全体の1割未満だった。

「えっ、これしか(公共)工事はないの、と正直思った」。当時、リニア推進振興室の担当係長だった山崎隆雄さん(51)は明かす。トンネル掘削で出る岩石を砕いた硬い残土は、道路の基礎などに使うのに適した土。しかし、新幹線工事が始まった当時と比べ、公共事業は全体に減っていた。市町村や県の公共事業での活用希望を、県が間に入って調整するという目算は狂った。

その結果、リニア残土の行き先は民有地への埋め立てが中心を占める。ＪＲ東海との「民間対民間」のやりとりに「県は口が出せない」(山崎さん)との原則論があった。

県に別の役割を求める人もいる。「県はリスク(危険性)を含めた情報を住民に提供すべきだ」。残土の受け入れをめぐって賛否が割れる飯田市龍江で、「龍江の盛土を考える会」の事務局を担う小木曽悦人さんは言う。

小木曽さんは元県職員。定年までの38年間、主に保健所で動物愛護や衛生行政を担った。放し飼いのペットや飲食店の衛生管理などをめぐり届く苦情に、1時間でも2時間でも対応した。

今、残土問題で県の姿勢には疑問を抱く。沢や谷に盛り土をすることの危険や安全確保について、県は一定の知見を持つはずなのに。住民が残土の安全性を考えるには、ＪＲ東海の説明以外にも県の手助けが欲しいのに――。

一方、21年3月に退職した吉沢さんは「公共事業の見通しは先々まで固まらない。残土の処分先が今すべて決まっている必要はないのでは」とまだ重くは捉えていない。

2人の元県職員それぞれが見る残土をめぐる風景は、擦れ違っていた。

北陸新幹線長野以北工事の残土活用　北陸新幹線長野—金沢間は2015年3月に延伸開業。長野以北の県内区間の主なトンネルは高丘《たかおか》(約6・9キロ)、高社山(約4・3キロ)、飯山(約22・3キロ)の3カ所があり、182万立方メートルの残土が出た。県の資料や会議での説明によると、このうち36%の約65万立方メートルを、新幹線を建設した鉄道建設・運輸施設整備支援機構(旧日本鉄道建設公団)が新幹線の橋の部分の盛り土や沢の部分の埋め立てなどで使用。その他を国や県などの公共事業で使った。公共事業の内訳は土地改良事業など農地造成に約44万立方メートル、河川堤防のかさ上げや補強に約39万立方メートル、国道や県道、農道の改良に約19万立方メートル、工業団地や住宅団地の造成に約15万立方メートル。

「負担の二者択一」に苦悩

「よーい、どん!」。1歳から中学1年生まで、子どもたち7人の笑い声と元気な足音が、下伊那郡阿智村清内路に響く。時折雪が吹き付けるほど冷えた2022年3月6日、家の前の村道を駆けていく孫たちを、生コン運送業の桜井久さん(64)は静かに見つめた。

幅4・5メートルほどの村道をさらに上ると、車のすれ違いが難しいほど狭い所もある。曲がりく

自宅前の村道を駆け回る孫たちを見守る桜井さん（中央）．残土を地区外に運べば，この道をダンプカーが走る．2022 年 3 月 6 日，阿智村清内路．

ねった先は行き止まり。交通量が少なく、村内に暮らす孫たちが毎週末のように走り回ってきたこの道にも、リニアの工事車両が徐々に増えてきた。

行き止まりに近い萩の平で、中央アルプストンネル（飯田市―岐阜県中津川市、23・3キロ）掘削に向けた作業用トンネルを掘ると知らされたのは13年10月。坑口から出る残土を地区外に運べば、1日最大約230台の工事車両が走るとされた。

初夏、庭に生える朴《ほお》の葉を採って朴葉ずしを作り、冬は自宅前で柿を干す。地区に伝わる県無形民俗文化財「手作り花火」も仲間と担ってきた。「静かな環境や自然を壊してほしくない」。桜井さんの苦悩の日々が始まった。

「高齢者が歩いて村道近くの畑に行く。ダンプカーをよけられるか」。環境が大きく変わる知らせに、地区で動揺が広がった。国道256号から分かれ、萩の平に向かう村道沿いに現在は唯一暮らす桜井さんが中心になり、14年に村道沿いの地権者・利用者の会が発足。ダンプが村道を使わないよう求める要望を、村を通じてJR東海に出した。

村は16年、残土の処分先を黒川上流域で探すようJRに求めた。坑口の近くに置けば、村道をダンプが走らずに済むためだ。17年4月にJRが挙げた候補地はクラ沢をはじめ黒川上流の沢筋など8

カ所。今度は「崩れないか」と桜井さんに不安がよぎった。

残土を山の上に置いて下流で不安を抱え続けるか。地区外に運ぶダンプが目の前をほぼ毎日走ることに何年間も耐えるか。「負担の二者択一」とも言える選択だった。

21年7月、静岡県熱海市で大規模土石流が発生。盛り土を含む約5万6000立方メートルの土砂が家屋を押し流し、死者・行方不明者は27人に上った。清内路地区でも山の上の沢を埋めることに、住民から不安が噴出した。

地区に暮らす森下ともみさん(45)は翌月、村のリニア関連の説明会にいた。萩の平の坑口から出る残土約71万立方メートルを黒川上流域に埋めたら、「雨が降るたびに恐怖と隣り合わせで生きていかなければならない」と訴えた。

桜井さんにも直接、心配の声が届いた。候補地を21年11月に視察した村議会でも、同様の声が広がった。地権者・利用者の会はダンプが村道を使わないよう求めて以来、上流域の候補地の検討を待ってきたが、役員の間で対応を改めて考える動きが活発化した。

22年2月7日夜、会の十数人が村清内路振興室に久しぶりに集まった。これまでの方針を転換し、ダンプの台数が多くならない範囲で残土の一部を運び出すよう求めるとした。負担を分け合うほかなかった。

村道を通ってほしくない気持ちは今も変わらない。「いくら嫌だと言っても思うようにはならん。分かっていても、自分が言い続けるしかないんだ」

阿智村の残土置き場候補地　リニアのトンネル工事で出る残土をめぐりＪＲ東海が阿智村内で協議、検討している置き場の候補地のうち、黒川上流域にあるのは4カ所。ＪＲが当初に候補地として挙げた8カ所は、その後の絞り込みでクララ沢、坊主沢、坊主ケ島の3カ所となり、住民が要望した赤子淵が加わった。4カ所すべてを使うと、計80万２０００立方メートルの残土が処分できるとされる。阿智村ではこの他、中央道飯田山本インターに近い飯田市との境界付近の土地が候補地となっている。

負担の代償を引き出したい…

旧清内路村が阿智村に編入合併して迎える14回目の春。清内路村最後の村長で、現在は阿智村議を務める桜井久江さん(73)が２０２２年3月18日、村議会3月定例会の一般質問に立った。清内路地区で続く人口減少の問題に触れて訴えた。「リニア中央新幹線を、この問題の起爆剤とするための計画を早急に進めるべきだ」

熊谷秀樹村長(53)が一礼して答弁した。「若い人が働く場所をつくって雇用につながるよう、リニアの残土をうまく活用することも大事なのではないか」

熊谷村長は21年11月、清内路地区の振興を考える村長の諮問機関「清内路振興協議会」に対し、地区で始まるリニアのトンネル工事で出る残土の活用について検討を求めていた。地域振興という意味でいい意見を出していただき、将来夢のある清内路になるよう話し合ってほしい――。依頼文にそう記していた。

同じ年の７月、静岡県熱海市で大規模土石流が発生し、盛り土を含む土砂が家屋を押しつぶした。清内路地区の黒川上流域にも残土置き場が検討されており、心配が広がった。狭い村道をダンプカーが走ることについて拒んでいた地区でも、残土を運び出す選択肢を考える声が出始めていた。

この変化に熊谷村長は反応した。清内路地区は村内でも特に山深く平らな土地が少ない。飯田市に計画される県内駅から遠く、リニア開通の恩恵も感じにくい。ＪＲの工事を受け入れる上で残土を活用することは、せめてもの「条件闘争だ」と取材に語った。

区長、青年会の会長、移住者ら11人の委員でつくる協議会は月１回、旧清内路中学校に集まり、建設会社ＯＢの助言も得ながら検討を重ねた。会合は非公開で直接取材できない。記者は委員やオブザーバー参加する自治会役員に話を聞いて回った。

委員の原司さん(31)は、「山の上に残土をただ積んでおいても困る」と活用に前向きだった。大阪の百貨店で勤務後にＵターンし、キャンプ場で働いた経験がある。「いいキャンプ場があって外から人が来れば、地域に雇用も生まれる」と考える。他にも住宅整備を望む声や、農地を求める意見があったという。

一方で諮問に戸惑う委員もいた。地域おこし協力隊員として清内路地区に移住し、任期の後も暮らす二川舞香さん(40)は、「残土を使って何が欲しいかって言われても、あんまりないじゃないですか…」と言葉少な。保育園に勤務する桜井里香さん(30)は「沢や谷を残土で埋めたら、環境や風景が変わってしまう。土はいらない」。残土の活用を前提に話し合う協議会に、足が向かなくなった。

「活用に知恵を絞っているが、話が盛り上がったとは言い難い」。協議会の場にいた清内路自治会長の桜井弘志さん(73)は明かす。でも、残土を運ぶダンプが通る負担を清内路が負うのに「他の地区が、例えば土地造成などに使って振興するのは、ちょっと違うんじゃないの」と思う。

負担の代償を何とか引き出したいとの試行錯誤は、産業育成に悩む山村のたくましさにも、切なさにも映る。協議会は22年3月23日、答申を村長に提出。残土活用の具体策は例示にとどめ、場当たり的でなく清内路にとって総合的で計画性のある活用——を求めた。

阿智村清内路地区　旧清内路村では財政難や人口減少が深刻化。2008年5月に阿智村との合併の賛否を問う住民投票を実施し、有効投票の88%が賛成した。09年3月31日に阿智村に編入合併。ただ、清内路地区の人口は合併前の08年10月時点の706人から、22年3月時点で519人に減った。11年の東日本大震災後に一時、大都市圏からの移住が増えたが、その後は低調。移住促進には住宅不足などが課題になっている。合併後、村長の諮問機関「清内路振興協議会」が地域振興策を検討し、これまでに伝統野菜や花木の生産、ジビエ(野生鳥獣肉)の活用で収入を得る仕組み作りなどを提案した。

自治の経験は生きるか

詳細設計図のコピーに12人の村議が見入る。「コンクリートの構造物は100年の耐久性を持ちます」「崩れないように設計しています」。JR東海中央新幹線建設部名古屋建設部の古谷佳久担当部長らは安全性を強調したという。

2022年2月上旬、阿智村役場で開いた村議会リニア特別委員会。JRはリニアトンネル掘削で出る残土の置き場として、村内の清内路地区で検討するクララ沢の工事の設計を、村議たちに説明した。外部には非公開の場だった。

沢筋であっても地下水や雨の排水設備を設け、地盤と盛り土を密着させる施工などで安全に造成できる——。ＪＲは説明する。村議の熊谷恒雄さん(64)は「われわれも村民も専門知識がなく、安全だと言われれば『そうかな』としか思えない」と戸惑う。

吉田哲也議長(54)は、専門家の意見を聞いて判断材料を村民に示すよう村に求めた。「議会も判断する上で、勉強する必要がある」

村は19年、「発生土(残土)置き場を確保した後にトンネル掘削を行う」との確認書をＪＲと締結。置き場の選定や受け入れの判断にも関わる。県内沿線では下伊那郡大鹿村、豊丘村、飯田市で掘削が始まったが、阿智村はまだだ。地元関係者や村議らでつくる村リニア対策委員会の稲垣孝光会長(69)は、「阿智村は遅くたっていい。ＪＲの日程に合わせることなく納得いくまで話し合う」と言う。

その最初の仕掛けが「社会環境アセスメント」だった。事業者自身が工事による環境への影響を予測、評価する「環境影響評価(アセスメント)」とは別に、村独自の委員会が15〜16年、残土を運ぶダンプカーが住民生活に及ぼす影響を調べた。その上で運搬車両の大幅削減、春に月川温泉郷で開く「花桃まつり」期間中の運搬中止などを、ＪＲと協議するよう村に求めた。

これにはモデルがある。村では１９９０年代、県や市町村、業界出資の第三セクターによる産業廃棄物処分場計画が浮上。村は受け入れの可否を決めるため、計画を検証し地域への影響を探る社会環境アセスを実施した。委員会のすべての審議を公開。傍聴者は減り、反対運動は続くなどうまくいったことばかりではないが、最終的に村は受け入れを決めた(その後、県が計画中止)。当時、村職員として社会環境アセスを提唱し、リニア残土をめぐる社会環境アセス委では会長を務めた前村長、岡庭一雄さんは話す。「科学的根拠と徹底した議論があれば、住民は分断せず納得できる。民主主義は納得だ」

こうした自治の経験は残土の問題でも生きるのか。村議会リニア特別委の熊谷義文委員長(66)は「リニアは国の後押しがあって進む事業だ。訳が違う」と話す。産廃処分場は受け入れるかどうか村に選択肢があった。でも残土の出るリニア工事を受け入れない選択肢はないのでは……。

一方、かつて産廃処分場計画の社会環境アセスでは、委員会の議論が、埋め立て容量の縮小や遮水構造の見直しなどにつながった。当時の公募委員で現村議の大嶋正男さん(69)は、残土置き場の安全やダンプの運行についても交渉の余地はあるとみる。「村が村民の立場に立って関わっていくことが大事だ」

阿智村の社会環境アセスメント　計画段階にある開発事業について住民生活にどんな影響を及ぼすか調べ、住民の判断や村の対応に生かす村独自の取り組み。1990年代に浮上した県廃棄物処理事業団の産業廃棄物処分場計画をめぐっては、97年9月に研究者や地元代表、公募委員らでつくる委員会を設置。99年4月に最終報告書をまとめた。リニア中央新幹線工事では2015年5月に委員会が発足。残土を運ぶダンプカーによる暮らしや観光業への影響を調べるため、交通量調査や住民、観光客へのアンケートなどを実施した。16年2月の報告書ではダンプの台数の大幅削減、運搬方法変更の検討、工事の土曜休みを含む協議、自然環境や社会経済環境を保全するための協定締結など11項目の対策を村に求めた。

大鹿村の仮置き場に積まれた要対策土．最終的な処分先の確保が問題になる．2022 年 3 月 11 日，同村大河原．

汚染対策必要な土まで…

高さ3メートルほどある仮設の塀の向こうで、緑色の防水シートが一部の土砂を覆っていた。リニアのトンネル工事で出た残土を運び込む下伊那郡大鹿村の小渋川沿いの仮置き場。通常の残土とは別にシートの下にあるのは、自然由来のヒ素やホウ素などを基準値以上に含み、汚染対策が必要な「要対策土」だ。

記者が訪れた２０２２年3月11日、シートは数カ所でめくれ、白っぽい色の土砂が見えた。ＪＲ東海広報部は取材に「雨水などは排水溝で集水し、重金属などが排水基準値を超える場合は処理設備で浄化してから放流する」と説明。要対策土の下はアスファルトで舗装しており、「外への浸透や流出はない」と強調した。

仮置きした要対策土は21年3月末時点で「1万立方メートル未満」（ＪＲ東海）。その後も増えたとみられるこの土の最終的な行き先は、決まっていない。ＪＲが20年に示した工程表では22

年度初めまでの利用を予定するが、延長せざるを得ないとしている。

すぐ近くの小渋川には、イワナやアマゴを狙って多くの釣り客が訪れる。下伊那漁協の大鹿支部長、小原寿夫さん(68)は「河川への流入はないとは思うが、不安はある」。要対策土を早く運び出してほしい――と願う。

リニアのトンネル工事で出る残土は県内で974万立方メートルの見込み。このうち要対策土がどのくらい出るかはまだ分からない。要対策土をめぐっては、31年春開業を目指す北海道新幹線新函館北斗―札幌間の工事でも受け入れ先の確保が難航し、工事の中断を招いた。どこでどう処分するか、JR東海のリニア計画にとっても新たな課題になる。

その要対策土について、JRの宇野護副社長は21年12月下旬、ルート沿線などの県内16市町村長に投げ掛けた。「公共事業での活用も含め最終的な活用先のあっせんをお願いできればと考えている」

飯田市の県飯田合同庁舎で開いたJRと市町村長との意見交換会。終了後の取材に宇野副社長は、県内に設ける保守基地や変電所など自社用地だけでは要対策土を使い切れない、と説明した。「今までは自社の土地で処理すると言っていたはず」。大鹿村の熊谷英俊村長(57)は宇野副社長の発言に驚いた。

村のリニア工事で出る残土は、要対策土以外を含め約300万立方メートルの見込み。東京ドーム2・4個分だ。険しい山林が多い村に置き場の適地は少なく、運動広場をかさ上げするなどして何とか20万立方メートルを受け入れた。村外へ運ぶ工事車両が22年4月からは役場付近を1日平均820台走るなど、残土には苦労している。

「一般の残土さえも置き場が全部決まっていないのに、要対策土を受け入れてくれる所はまずないだろう」。熊谷村長は難航を予想した。

信濃毎日新聞の取材では、沿線など関係16市町村長のうち13人が、要対策土の受け入れや活用を「考えていない」と答えた。記者は3月23日夜、大鹿村を訪れたJR東海中央新幹線建設部名古屋建設部の古谷佳久担当部長に、市町村長の困惑について尋ねた。

「困っているというか、よく分からないということですかね。どういう対策、封じ込めで要対策土を処理できるか、きちんと説明させていただきたい」。マスク越しに答える口調は淡々としていた。

県内の「要対策土」仮置き場と一時保管場所　JR東海によると、要対策土の仮置き場は下伊那郡大鹿村、豊丘村に計4カ所ある。このうち今のところ実際に搬入しているのは大鹿村の小渋川非常口近くと、豊丘村の坂島非常口近くの2カ所。他に飯田市の中央アルプストンネル東側の坑口付近にある工事施工ヤード(作業場)内で一時的に保管している。この一時保管分は少量の見込みのため、県外の汚染土壌処理施設で処理する予定。すべての山岳トンネルで出た残土は1日1回、サンプル調査し、カドミウム、六価クロム、水銀、セレン、鉛、ヒ素、フッ素、ホウ素の土壌溶出量などを検査する。土壌汚染対策法の基準を上回った場合などは要対策土として扱っている。

〔歩いた記者は〕——隔たりから見えたもの

クララ沢、坊主沢、坊主ケ島……。昔話に出てきそうな名前の沢や土地は、阿智村清内路地区の黒川上流域にあるリニアトンネル工事の残土置き場候補地だ。トンネル工事の坑口（萩の平非常口）に通じる村道沿いに暮らす桜井久さんに案内してもらい、現地を歩いたのは2021年11月。工事の影響を最も受ける一人であり、同じ村に住む記者の義理の父でもある。

クララ沢周辺の山を持つ桜井武人さんは、山と共に生きた祖父への思いを語り「単なる山じゃないんです」と話した。林業は衰退し、かつてに比べ山の経済的な価値は下がった。埋められそうな場所があれば埋めればいいと考えられがちだが、山や谷には人の記憶、地域の歴史や文化が刻まれている。

リニア計画は、東京、名古屋、大阪の大都市圏を結び、速さ、便利さに価値を見いだす。清内路の自然に囲まれ土地に根付いて暮らす住民に話を聞くと、価値観の違いを感じる場面が多かった。

武人さんの妻で、地区に伝わる県無形民俗文化財「手作り花火」も担う真紀さん(34)は「名古屋や東京に出るのに不便は感じない」と言う。久さんの五女、桜井里香さんも「この土地の風景を大事にしたい。これ以上の便利さは求めていない」と話す。

その清内路にとってリニアのトンネル工事はまさに「寝耳に水」。住民はさまざまな対応を迫られてきた。坑口に通じる村道の地権者・利用者の会は、村道を使ってダンプカーで残土を運ぶ方法に代わる手はないかと思案。ベルトコンベヤーによる運搬や、飯田市側への道路新設などを提案したが、いずれもJR東海に拒まれた。昼に夜に、工事や残土の問題で、住民たちが重ねた会合も数知れない。

人口6000人余の阿智村は、9万8000人余の飯田市などに比べると、残土の問題に住民と共に積極的に向き合っているのではないか。ただ、これまでJRが住民の暮らしに寄り添って計画を変えることはほとんどなかった。土地に根付く人々の思いと、降って湧いた「国策民営」事業が擦れ違う時、行政や自治は何ができるのか。無力さを感じている人もいる。ＪＲは地域の声に応えるすべを考えてほしい。

（前野聡美）

飯田市龍江地区へ、リニア工事の残土置き場候補地を初めて訪ねたのは21年11月。清水川（清水沢川）の深い谷底の右岸側斜面には、かつての農地が棚田のように2段に重なっていた。ここを開墾したのは、斜面が多く平地の少ない地域だからこそだろう。残土を埋め立てて平地にしたいと考える気持ちの背景を見た気がした。

一方で下流域の人たちの心配は切実だ。計画では家々の数百メートル上流に埋める残土は40万立方メートル。21年7月に死者・行方不明者27人を出した静岡県熱海市の土石流災害で流出した土砂5万6000立方メートルの7倍以上だ。21年秋に現地を訪れた龍江地区の男性（86）は想像する。「ここも盛り土して崩れたら、どーんと天竜川まで流れて大災害になる」

記者は以前、飯田支社に勤務していた。残土受け入れをめぐる地域の亀裂は、下伊那郡松川町や豊丘村でも起きた。沢や谷の上流が候補地になり、下流域の住民が反対した。ＪＲ東海は安全性を強調したが、反対する住民は埋め立て後の管理態勢を心配した。

「未来永劫の管理が必要だ」。谷埋め盛り土の災害に詳しい釜井俊孝・京都大学名誉教授（応用地質学）は当時から指摘していた。盛り土の安定には地滑りを誘発する地下水を抜く設備などが必要になる。施工後も管理や地下水位の監視が重要で、古くなれば更新も考えなければならない。

記者になって丸8年、転勤で3回引っ越した。転勤族なら借家の近くに盛り土があるかどうかはあまり気にならない。でも土地に根を張って営みを続ける人たちは100年、200年、その先も見据えて不安を訴えている。

JRは、容量や工事現場からの距離などを基準に残土置き場を選ぶ。「基本的に崩れることはない」(古谷佳久・中央新幹線建設部名古屋建設部担当部長)とし、崩れた場合の被害想定もしていない。

原発をめぐる安全神話が崩れた東京電力福島第1原発事故をはじめ、「想定外」の災害は何度も起き、多くの人が涙を流してきたことを私たちは知っている。沢や谷を埋めるなら極力、下流域に民家のない場所を選ぶべきではないか。

土地に生きる人たちとJRの間には、想定する「万が一」の現実感に大きな隔たりがある。その隔たりが、リニア工事の残土を「漂流」させている。

(小内翔一)

(2022年3月16〜27日=全12回)

「残土漂流」その後

JR東海によると、リニアのトンネル工事で出た残土の活用・処分先として、長野県内で確定したのは8市町村の計15カ所(2022年11月時点)。活用・処分量は計292万立方メートルで、県内工事により生じる残土(974万立方メートル)全体の約3割にとどまる状況が続く。

阿智村ではトンネル掘削現場となる「萩の平非常口」に通じる村道の拡幅工事が22年9月、地元の清内路地区住民の同意を得て始まった。村は今後、非常口の近くにあり、「崩壊土砂流出危険地区」に当たるクララ沢を残土置き場とすることの是非について判断することになる。

一方、飯田市龍江で残土置き場候補地となっている「土石流危険渓流」の清水川（清水沢川）では、構想が進んでいない。「龍江の盛土を考える会」で事務局を担う小木曽悦人さんは「構想の進展も、白紙化もなく、宙ぶらりんの状況だ」と話す。

残土の処分先をめぐっては、岐阜県御嵩町《みたけちょう》の候補地に、希少な植物が群生するとして環境省が選定した「重要湿地」が含まれるなど、長野県以外の各地でも問題が起きている。

CLOSE UP

残土置き場候補地に「土石流の危険あり」と発覚

リニアのトンネル工事で出る残土の置き場としてＪＲ東海が検討する候補地のうち、飯田市と下伊那郡阿智村にある少なくとも2カ所が、土石流の危険があるとして県が公表している場所だったことが信濃毎日新聞の取材で分かった。こうした場所での工事に法的規制はなく、県は「安全性が確保されれば盛り土は問題ない」とする一方、専門家は「不安定な土砂が何倍にもなり好ましくない」と指摘しており、安全性を入念にチェックする必要がある。危険性の公表を地元が知らない例もあり、ＪＲ東海や県の情報提供にも問題がありそうだ。

このうち阿智村清内路のクララ沢は、山腹崩壊や地滑りで生じた土砂が土石流となって流出し、災害につながる恐れのある「崩壊土砂流出危険地区」。ＪＲは残土約20万立方メートルの盛り土を計画している。県森林づくり推進課によると、２０１７年の調査では沢の勾配は平均21度で「一般の渓流に比べてきつい」という。土石流が発生した場合の被害想定は民家５戸で、３段階で示す危険度の区分は最も危険な「Ａ」判定だった。

もう一つはＪＲが上流に残土約40万立方メートルの埋め立てを検討する飯田市龍江の清水川（清水沢川）。土石流により下流域に被害が出る恐れのある「土石流危険渓流」になっている。県砂防課によると、２０００年の調査では氾濫区域が２万５２２５平方メートルにわたると想定。民家５戸、田畑０・３９ヘクタールの被害を推定した。

土石流危険渓流での盛り土の安全性について、県砂防課の林孝標課長は、「雨が降っても崩れないようにしてもらえば問題ない」と説明。崩壊土砂流出危険地区を受け持つ県森林づくり推進課の三沢雅孝課長は、森林内で一定規模の開発をする場合に事業者に求められる県との協議の際に「安全を確認する」とした。

県によると、県内の土石流危険渓流は５９１２カ所、崩壊土砂流出危険地区(民有地)は３６３９カ所。県ホームページの統合型地理情報システムなどで公表している。

候補地の「危険性」は説明されず

「なぜもっと早く言わないのか」。クララ沢の下流、黒川沿いに暮らす桜井久さんは、信濃毎日新聞の取材後に県が清内路地区で急きょ開いた会合で説明を聞き、そう憤った。同地区自治会長の桜井弘志さんも「前もって地元に説明しておくべきだった」とした。

村では残土をクララ沢など地区内の黒川上流域に埋め立てるか、ダンプカーで運び出すか、議論が続く。災害の危険性を把握することは判断材料として欠かせないが、熊谷秀樹村長も「知らなかった」という。

飯田市龍江で残土置き場候補地に挙がる清水川の近くに住む小木曽悦人さんは「昔から土石流の危険性は言われてきた場所」と語る。一方、県の土石流危険渓流とされている点についてＪＲ東海や県、市から「説明された覚えはない」と話す。

土石流危険渓流や崩壊土砂流出危険地区について、県の建設部や林務部は「市町村に周知し、ハザードマップ（災害予測地図）で示すようお願いしている」とする。ただ、残土置き場の構想が持ち上がった後に説明したかというと、県リニア整備推進事務所の折井克寿調整課長は「伝えていない。情報が足りなかったかもしれない」と認める。ＪＲ東海広報部は取材に「把握はしていた。現地状況の把握や安全対策の計画・設計を含めて説明する考えだった」と釈明した。

残土置き場の候補地では他にも、クララ沢近くの坊主ケ島が山腹崩壊による災害発生の恐れがある「山腹崩壊危険地区」とされる。残土の搬入が始まった飯田市下久堅の伝田沢川は、合流先の知久沢川が土石流危険渓流に当たる。

釜井俊孝・京都大学名誉教授（応用地質学）は、個別の評価には詳しい図面などが必要としつつ「一般的には、土石流が起きるような急勾配の沢に土砂を積むのはあまり好ましいことではない」と指摘する。信州大学の平松晋也教授（砂防学）は「不安定な土砂が何倍にもなる。盛り土は好ましくない」と述べた。

また、釜井名誉教授は、住民が残土の受け入れを考える上で、災害のリスク情報を知る重要性を指摘。さらに盛り土をしても災害が起きない立証や、埋め立て後の継続的な安全の検証は「本来、県や市町村がＪＲ東海に要求しなくてはいけない」としている。

土石流危険渓流と崩壊土砂流出危険地区　ともに危険箇所の周知などが目的で県が公表。土石流危険渓流は１９６６（昭和41）年の建設省（現国土交通省）砂防課長通達を受け、県が定期的に調査している。

２００１年に土砂災害防止法が施行された後は、同法に基づく土砂災害警戒区域・特別警戒区域の指定を進めているが、土石流危険渓流の公表も続けている。一方、崩壊土砂流出危険地区は78年の林野庁長官通達を受け、民有林分を県が調査。過去に土石流災害が発生した場所などを対象に、地形や地質、渓流の勾配、下流域の公共施設や人家などを調べている。土石流危険渓流、崩壊土砂流出危険地区ともに法的な規制はない。

危険性を明かさず5年

Ａ４判１枚の紙に、厳しい言葉を書き連ねていた。「抗議し、要望を伝えますから必ず適切な対応をしてください」「住民に寄り添う姿勢がないと指摘せざるを得ません」――。阿智村議会は信濃毎日新聞による報道後の22年3月末、ＪＲ東海と県に異例の抗議文書を送った。

同村清内路のクララ沢は、「崩壊土砂流出危険地区」。地元住民は、計画された20万立方メートルの盛り土が大雨で下流に危険を及ぼさないか心配してきた。それなのにＪＲも県も、山腹崩壊や地滑りで生じた土砂が土石流となって流出する恐れのある危険地区だと地元に説明していなかった。クララ沢をＪＲが候補地に挙げてから、もう5年だ。

「安全対策の計画・設計を含めて説明する考えだった」というＪＲの回答に、村議会リニア特別委員会の熊谷義文委員長は首をひねった。議会は2月、一般住民より一足早く盛り土計画の詳細設計の説明をＪＲから受けたばかり。その場で崩壊土砂流出危険地区の話は出なかった。本当に危険性に関する情報を説明するつもりがあったのか。熊谷さんは「落胆した」と口にした。

山深い伊那谷は土砂災害の危険をはらむ場所も多い。残土置き場や候補地のうち、飯田市龍江の清水川、下伊那郡下條村睦沢の火沢は、下流域に被害が出る恐れのある「土石流危険渓流」。飯田市下久堅の伝田沢川は、合流先の知久沢川が土石流危険渓流だ。

上伊那郡中川村の半の沢と下伊那郡大鹿村の鳶ケ巣沢《とびがす》は、土砂災害を防ぐため盛り土などに県の許可が必要な「砂防指定地」にある。県や大鹿村は、第三者委員会に安全性の審議を求めた。大鹿村の青木川の残土置き場にも砂防指定地などがあり、旧荒川荘付近には地滑りなどの土砂災害警戒区域がある。

いずれも置き場や候補地の場所を知っていれば、県ホームページの「信州くらしのマップ」で調べられる。しかし、その危険性は直接、地元の住民にどれだけ説明されてきたのか。下伊那郡豊丘村の虻《あぶ》川の支流2カ所に造られた残土置き場。虻川下流に暮らす元教員、原章さん(69)は「JRの説明はいつも『安全な工事をしますから』ばかりだった」と振り返る。

支流の残土置き場の本山《ほんやま》には約130万立方メートル、戸中《とちゅう》には約26万立方メートルを埋める。虻川自体は土石流危険渓流。戸中には崩壊土砂流出危険地区も含まれる。

JR東海の情報公開と説明責任の不足は、トンネル工事現場での労災事故や、残土を運ぶダンプカーの交通事故をめぐっても繰り返し指摘されてきた。残土処分は、21年7月に静岡県熱海市で起きた大規模土石流で建設残土を含む土砂が流出したことで、一層注目が集まっていた。

22年2月、阿部守一長野県知事とJR東海の金子慎社長のオンライン会談があった。冒頭以外は非公開だったが、県が作った議事概要が公開されている。残土置き場の選定では、住民の理解や不安解消のため、情報公開と丁寧な説明をしっかり行ってほしい――。知事の要請に金子社長はこう答えたという。「地元の方々には、過去の三六災害（１９６１年の豪雨災害）や熱海市の土石流災害によるご不安があることは十分に認識しており、丁寧な説明を心がけている」

ＪＲ東海が本当にそう考えるなら、取り組み方を一から見直す必要がある。

責任は曖昧なまま

知事と取材班の記者の質疑は、最後までかみ合わなかった。22年4月1日、県庁での知事の定例記者会見で、土石流の危険性について知事は「災害対策の観点から常にオープンにしている情報だ」とした。

しかし、実際には知らなかった地域がある。たとえ県のホームページで調べることができても、住民は災害の恐れがある場所すべてを知っているわけではない。候補地になった地元に、県として危険性の情報を伝える必要はなかったのか――。記者は重ねて質問した。知事は「住んでいる地域がどういう（災害の危険がある）地域か確認してほしいと危機管理の観点から常にお願いしてきた」と繰り返した。残土置き場計画段階での情報提供については、明確な答えがなかった。

今回の問題は「国策民営」事業のリニア計画が、責任を曖昧にしたまま進む姿を浮き彫りにした。クララ沢が「崩壊土砂流出危険地区」に当たることを、事業主体のＪＲ東海は候補地に挙げて5年もの間、地元に説明していなかった。

一方、県の立場には二面性がある。リニア計画の推進には地域振興の面から賛同している。県庁に

「リニア整備推進局」、飯田市に「リニア整備推進事務所」を設け、協力する。

もう一つ、県には住民の生活や信州の自然環境を守る責務がある。事業主体のJRが工事による環境への影響を予測、評価する環境影響評価(アセスメント)手続きでは、専門家の議論を踏まえてJRに意見や助言をする。

残土置き場をめぐってはどうか。県は市町村から候補地の情報を集め、JRに提供する。その半面、その候補地が崩壊土砂流出危険地区や、下流に被害が出る恐れのある「土石流危険渓流」に当たると県自身が判定していても、地元には伝えていない。

候補地の一つ、飯田市龍江の清水川。住宅地の数百メートル上流に残土約40万立方メートルの盛土が計画される川は、土石流危険渓流だ。下流域の住民らでつくる「龍江の盛土を考える会」の事務局を担う小木曽悦人さんは土石流の危険性は把握していたが、19年の会の発足時は多くの住民が知らなかった。

災害の危険性は、残土を受け入れるかどうか住民が考える上で、重要な情報だ。小木曽さんは「県がイニシアチブ(主導権)を持って、候補地が浮上した当初の段階から住民に伝達すべきだ」と話す。そうでなければ「リニアを推進するために、行政が黙っていたように見えてしまう」

知事は1日の会見で、土石流危険渓流や崩壊土砂流出危険地区などの情報が市町村や地域に「共有されていないとすれば、確認した上で対応していかなければならない」と述べた。「リニアの問題とは別の次元」(知事)ならば、危険渓流を扱う砂防課や危険地区を所管する森林づくり推進課が担うことになる。

会見終了後、砂防課に聞くと、林孝標課長は「地域と共有できていないとすれば何が課題か、リニア整備推進局が確認していく」と答えた。

リニアと切り離し、災害対策としての対応を強調した知事と、「リニア整備推進局による確認」を挙げる土砂災害対策担当の砂防課。大きな県組織で、知事と部局の意思疎通もまた、曖昧に見えた。

（２０２２年３月29日、４月６、７日掲載）

第4部 夢と現実

「銀座次郎長道中」と銘打ち，踊りを披露する商店主ら．
飯田お練りまつりで「丘の上」は久しぶりににぎわった．
2022年3月27日，飯田市銀座．

東日本大震災から間もない2011年5月。国の交通政策審議会の中央新幹線小委員会は、JR東海によるリニア中央新幹線整備にゴーサインを出した。答申は整備の意義として東京、名古屋、大阪の三大都市圏を高速・安定的に結ぶ幹線鉄道路線の充実に続き、「三大都市圏以外の沿線地域に与える効果」を挙げた。第4部は、リニア計画がこれら沿線の地域振興をどれだけ重視し、どんな恩恵をもたらすのか実情を探る。

「丘の上」にリニアは来ず

「リンゴ並木ーにー　花咲ーく　飯田ー」。歌手の都はるみさんが歌う「飯田銀座音頭」の曲に合わせ、幕末の侠客《きょうかく》、清水次郎長一家に扮した飯田市銀座商店街の商店主たちが三度がさを掲げ、揺らし、手を打って回る。マスク姿の見物客が盛んに拍手した。

2022年3月27日までの3日間、飯田の中心市街地は南信州の芸能が集まる7年目に1度の祭典「飯田お練りまつり」に沸いた。江戸時代の雰囲気を伝える「大名行列」、全長約25メートルの「東野大獅子」などの出し物を、計25団体が披露した。

新型コロナウイルスの流行から2年余り。各地で催しが中止や延期を強いられる中、感染対策に気を配りながら実施にこぎ着けた。商店街の「銀座次郎長道中」を先導した酒店の店主、竹内文隆さん(68)は「久しぶりににぎわいが戻った」と目を細めた。

天竜川と松川の河岸段丘の上にあり、「丘の上」と呼ばれる市の中心市街地。1947(昭和22)年4月の「飯田の大火」で3577戸が焼けた後、防火帯が整備され、土地区画整理が進んだ。街は飯田下伊那地方の商業や文化の中心として復興した。

しかし、70年代半ば以降は郊外店が進出し、高校や市立病院も郊外へ移転。丘の上を行き交う人は徐々に減った。国の統計によると、97年に420あった事業所は、2014年に156に減った。

さらにここ2年は新型コロナが流行。丘の上でもかつての飯田城の城内にあった老舗日本料理店「舞鶴」が21年5月で、「千登勢」が10月で店を閉めた。飲食店に酒を卸す竹内さんの店も売り上げが減少。一帯は商店主の高齢化も進む。お練りまつりの熱気の中、記者が歩くと、「長年ありがとうございました」「テナント募集」と張り紙をした店が複数、目に付いた。

まつりの閉幕から4日後の午後6時前。銀座商店街近くの再開発ビルの一角に「蛍の光」が流れた。「長い間ありがとうございました」。この日で閉店するスーパー「キラヤ本町店」で、キラヤの赤羽宏文社長(67)が来店客を見送っていた。先代が前身の店舗を銀座商店街に出したのは1955年。当時、丘の上への出店は「憧れだった」が、近年は赤字がかさんでいた。

「買い物が自分でできなくなっちゃう」。歩いて訪れた近くの宮内芳美さん(98)は困り顔。存続を求める署名を集めた住民自治組織「橋南まちづくり委員会」の会長でもある竹内さんの危機感は強い。「このままだと中心市街地はなくなってしまう」

前々回のお練りまつりの2010年、飯田にはまつりに加えもう一つの熱気があった。JR東海が07年、リニア中央新幹線の首都圏—中京圏間の営業運転を先行して目指し、全額自己負担で建設すると発表。想定したのは南アルプスを貫く直線ルートで、実現すれば飯田下伊那地方に中間駅ができる可能性が高かった。

11年8月。JRが公表した直径5キロ円の中間駅位置案は、飯田市座光寺・下伊那郡高森町付近(その後飯田市上郷飯沼・座光寺に決定)だった。市や複数のまちづくり団体が求めた丘の上のJR飯田駅との併設ではなかった。

竹内さんは言う。「リニア駅の構想があれば、中心市街地の衰退に歯止めがかかると思っていた。がっかりした」

飯田市中心市街地の現状　市役所やＪＲ飯田駅のほか飯田城跡には市美術博物館や市立中央図書館、県飯田合同庁舎などが立地。２０２０年７月からの第３期市中心市街地活性化基本計画によると、中心市街地の人口(橋北、橋南、東野地区の合計)は08年９月時点で１万54人だったがその後は減少傾向で、19年９月時点では８５１０人。人口減少率は県や市の平均よりも著しい。中心市街地の商店街の店舗数は14年度が１５６店で、02年度の３２９店から半減。年間商品販売額も14年度は72億２５００万円で、02年度の１６５億４０００万円の約４割に落ちた。

熱を共有したあの頃

会場の説明者の席に懐かしい顔を見つけた。「あれ、宇野さんじゃないか」。飯田市中心市街地でホテルを営む中田勝己さん(64)は経営者仲間に確かめた。２０１１年８月、リニアに関する説明会があった同市の飯伊地域地場産業振興センター(当時)でのことだったと思う。

「宇野さん」とはＪＲ東海で当時、中央新幹線推進本部長だった宇野護・現副社長(67)。時代が昭和から平成に移った１９８９年前後、中田さんは飯田青年会議所(ＪＣ)でリニア誘致活動に熱を入れていた。ＪＲの担当だったのが若き日の宇野副社長だった。

閉会後に中田さんが声をかけ、２人は抱き合って再会を喜んだ。「(リニアが)ようやく実現しますね」

リニア中央新幹線計画の源流は、田中角栄元首相の時代にさかのぼる。1972(昭和47)年の著書『日本列島改造論』。全国を新幹線網で結ぶ構想をぶち上げ、こう書いた。「第二東海道新幹線などはリニアモーター方式で走らせてほしいものである」

73年、国は整備計画より格下の基本計画に、東京―大阪間を結ぶ中央新幹線など12路線を位置付ける。しかし、その後は石油ショックや財源の問題などを背景に、整備計画路線の新幹線さえ工事が進まない状況が続いた。

一方、飯田の中心市街地「丘の上」に生まれ育った中田さんは大学を出て大手自動車メーカーで勤務後、80年代半ばに家業を継ぐため帰郷した。丘の上の低迷が既にいわれ、地域経済の活性化が課題になっていた。自分も何かしようと飯田JCに入った。

88年、飯田JCの例会にOBで初当選したばかりの田中秀典市長(2011年に70歳で死去)が出席した。田中市長は中田さんら後輩にハッパをかけた。「これからはリニアの時代だ。JCも一緒になってリニアを誘致しよう」

国鉄は87年に分割民営化。JR東海は同じ年、「リニア対策本部」を立ち上げていた。起点と終点が重なる東海道新幹線と中央新幹線の一元経営を目指す布石だった。

中田さんやJC仲間の小木曽恵一さん(72)らは、甲府市で開いたリニア誘致の催しを訪れた。実物大のリニアの模型が置かれた大規模な展示。「飯田でもやらせてもらえないか」とJR社員に声を掛けた。

突然の訪問に最初は相手にされなかった。次は市も巻き込み、ＪＲ東海の東京の事務所へ出向いた。そこから飯田で催しを開く交渉が本格化する。やりとりを重ねたのが東京企画部副長の「宇野さん」だった。

市は89年度、関連予算２０００万円を計上して支援し、9月に「伊那谷高速交通フェア」が実現した。運搬費はかかったが、飯田文化会館に置かれた実物大のリニア模型は人気を集め、小学生の見学が相次いだ。「すごかった。その時の熱は。ホテルの前をどんどこどんどこバスが行った」

整備計画路線の新幹線さえも凍結されていた時代に、遠い「夢」を共有していたＪＲと飯田の若い世代。ただ、現実のリニアの駅は飯田市郊外に予定され、模型と同じようには丘の上に来なかった。

そんな中、中田さんは自問する。リニアを迎えるまちづくりはできているか――。リニア誘致に取り組んでいた中田さんに今あるのは、焦りだ。

駅前一等地を「種地」に

飯田市中心市街地のＪＲ飯田駅の東側。72台分ある市営の時間貸し駐車場が２０２２年3月下旬、試験的に2時間まで無料になった。駅前の、本来なら「一等地」とも言える場所。利用促進を図るため半年間、これまでの無料時間を1時間延ばすことになった。

時間貸し駐車場と隣の飯田駅多目的広場「アイパーク」、駅西側の月極め駐車場84台分を合わせた計６１７４平方メートルは、旧国鉄時代に貨物用地として使われた。国鉄分割民営化後の１９９２～93年、国鉄清算事業団(98年に解散)が処分。市が計11億５７０７万円で購入した。

JR 飯田駅と隣接し，線路の東西にある市営駐車場(左)と飯田駅多目的広場(右).
リニア整備を見据えかつて市が購入していた．2022 年 4 月 14 日，飯田市．

駅前の一等地は、30年経った今も具体的な活用策が定まらない。実は、市がリニアの整備を見据えて買い取った場所だった。

「将来の高速交通網時代を展望し、将来に禍根を残さぬよう、この際、貨物跡地につきましては市が購入しておくべきだと判断をいたしました」。1991年12月の飯田市議会全員協議会。会議録をたどると、当時の田中秀典市長はこう言って駅東西の旧貨物用地の購入を表明した。

飯田駅の貨物取り扱い廃止に伴う用地払い下げの話は国鉄時代からあった。市は84(昭和59)年、市議や商工・農業団体の関係者ら15人の利用研究委員会を設けて検討を開始。90年にはシンボルタワーとなる高層ビルや複合ビル、高速バスターミナルなど6案が浮上したが、結論は出なかった。

はっきりしない対応に国鉄清算事業団は91年、西側部分を公開競争入札にかけると決める。市は応札がないか落札者が決まらないとみていたが、県内や東京、名古屋の建設業者など数社からの引き合いが判明。市は急きょ、入札に「待った」をかけた。

迎えた12月の市議会全協。「高い買い物には間違いない。駐車場で推移するというわけにはいかないだろう」。当面は駐車場や広場として使うとの市側の説明に、市議が将来の利用をどう見通すのか尋ねた。市企画財政部長だった三井慶一さん(87)は答えた。「将来の高速交通網時代を展望したとき、あの地はまちづくりのために活用する一つの『種地』になるだろう」

当時、市が展望した高速交通網時代とは、具体的に何か。三井さんの後任の企画財政部長で、96年から２００４年まで田中市政の助役を務めた古井武志さん(84)は、自宅の応接間のソファで向き合った記者に即答した。「リニアだ」

この時点でリニア自体も、駅もできるかどうか分かっていたわけではない。しかしＪＲ飯田駅東西の旧貨物用地を購入しておけば「リニアの駅を造る有力な考え方の元になる。たぶん、そういう認識が田中市長にもあった」

ＪＲ東海がリニア長野県駅(仮称)を郊外に設ける位置案を直径５キロ円で公表したのは11年８月。その１カ月後になって、飯田市がＪＲ飯田駅併設を想定して作っていた周辺整備案の中身が明らかになった。この案でリニア駅や立体駐車場とされたのは、まさに旧貨物用地だった。

「リニアさえあれば、まちづくりがどんどん進むと思っていた」。三井さんは言う。催しのとき以外は閑散とする飯田駅前の現状に「今思うとある意味、無責任な発言をしとった」とつぶやいた。

飯田駅周辺の旧貨物用地　飯田駅構内にあった旧貨物用地は線路を挟んで東側が３６３３平方メートル、西側が２５４１平方メートル。旧国鉄時代の１９８４(昭和59)年、飯田駅の貨物取り扱い廃止に伴って払い下げの可能性が浮上した。飯田市は各種団体代表らでつくる利用研究委員会で活用策などを検討したが、87年の国鉄分割民営化などの影響で一時中断。90年に再開したものの結論は出なかった。旧国鉄から引き継いだ債務の償還を進める国鉄清算事業団は91年、西側の土地を公開競争入札にかける方針を固めたが、市が再検討を強く要請。最終的に市は92年２月に西側の土地を３億８９０９万円で、93年３月に東側の土地を７億６７９８万円で購入する契約を結んだ。

それでも結局、駅は郊外

飯田商工会議所の会頭、原勉さん(72)の飯田市の自宅のトイレには、Ａ１サイズの２０２７年までのカレンダーがある。商工会議所が12年の年明けを前に発売したカレンダーで、27年はＪＲ東海が東京・品川—名古屋間のリニア開業を目指す年。予定通りの開業は難しくなっているものの、原さんは月が終わるたびに「×」印を付け、その日を心待ちにしている。

そんな原さんでも11年前のあの日を思い出すと、表情が曇る。11年８月、ＪＲが直径５キロ円で公表した中間駅の位置案は、飯田市郊外と隣の下伊那郡高森町の境付近だった。駅位置は13年９月、同市上郷飯沼・座光寺に決まる。

原さんが願ったのは、中心市街地「丘の上」にあるＪＲ飯田駅とリニア駅との併設だ。丘の上は自身が「魚屋の息子」として生まれ、地権者の一人として再開発に深く関わった地でもある。「現駅併設には最後までこだわった。新しい拠点ができると、まち全体が拡散する。コンパクトシティーの流れにも逆行する」。今も思いは変わらない。

リニア駅設置に伴う経済効果などを高めるためには、人口集中地区内で既存駅に接した「中心型」が望ましい——。市は09年12月、民間シンクタンクに委託した「社会・経済影響調査」の中間報告を公表した。「リニア飯田駅」が実現した場合の、地域への影響を把握するための調査だった。

リニアの県内ルートをめぐり、ＪＲは南アルプスを貫く直線ルートの優位性を挙げていた。次は駅の場所だった。飯田下伊那14市町村でつくる南信州広域連合は10年8月、ＪＲ飯田駅併設を求めた。

リニアについて話す原会頭．早期の開業に期待する一方，県内駅がJR飯田駅に併設しなかった点は今も心残りだ．2022年4月13日，飯田市の飯田商工会議所．

しかし、同じ年の10月、ＪＲが駅を市街地でなく郊外に置く方向で検討していることが信濃毎日新聞の取材で判明した。

これを知り民間が動く。飯田青年会議所（ＪＣ）のＯＢでつくるまちづくり団体「南信州アルプスフォーラム」は11年1月、飯田駅併設を提言。2月には飯田商工会議所のリニア特別委員会も併設を目指すとし、4月には中心市街地の自治組織やまちづくり団体などの「リニア飯田駅を考える会」が併設を市に求めた。

それでも、リニア駅の飯田駅併設は実現しなかった。

「むなしかった」。中心市街地でホテルを経営する中田勝己さんは若い頃、飯田ＪＣでリニア誘致に取り組み、その後はアルプスフォーラムの提言にも加わっていた。

アルプスフォーラムは駅位置案が出る直前の11年7月、記者会見まで開いて飯田駅併設が最適と考える理由を訴えた。飯田駅に併設すれば、用地費やアクセス道整備費が安く済むとの独自試算も示した。必死だった分、郊外駅案が示された後の徒労感も大きく、一時は解散も検討した。

飯田市で菓子・食品卸業を営んできた外松秀康さん(66)は現在、アルプスフォーラムの会長を務める。当時の会見にも同席しており、「JRの考え方を、現駅併設へと向けられなかった」と振り返る。

一方で「リニアが現実になったのはJRのおかげ。英断だ」との思いもある。

優先された「企業の論理」。外松さんは考える。「開業後にどうなるか。1時間に1本とされる県内駅の停車本数が、2時間に1本になることだってあり得る」。そんな心配をぐっとのみ込んだ。

リニア県内駅をめぐる南信州アルプスフォーラムの主張　2011年1月に飯田市中心市街地のJR飯田駅への併設を訴える提言を発表。「行政施設や文化の場などが集積したコンパクトシティー実現が不可欠。郊外駅は寂れた通過駅となる状況も想定される」とした。同年7月にはリニア駅設置をめぐる用地費やアクセス道路の整備費について独自の試算も発表。リニア中間駅建設費の標準額とされた350億円や路線整備費以外に、飯田駅併設だと22億円、郊外にある高森町南東部だと54億円かかるとした。郊外駅の決定後も、アルプスフォーラムはまちづくりへの提言などを続けている。

「とにかく造りやすい所に」

企業が新幹線を造る、ということの意味がはっきりした瞬間だった。「とにかく造りやすい所に造る」。２０１０年10月22日、ＪＲ東海の山田佳臣社長(当時、現相談役)は名古屋市の本社で記者会見し、リニアの県内駅についてそう述べた。

当時、飯田市や飯田下伊那14市町村でつくる南信州広域連合は、市中心市街地「丘の上」のＪＲ飯田駅への併設を要望。ＪＲは郊外設置を検討していた。「ご意見はご意見として(聞くが)、こういう所に造りたいと提示していきたい」。山田社長は言った。

4日後に飯田市内で開いた南信州広域連合の会合で、当時の渡辺嘉蔵副市長(68)がたまらず反論する。「造りやすい場所ではなく、造るべき場所に駅を設置することが(リニアの)プロジェクトを着実に推進する」。山田社長の発言に「真意と見識を疑わざるを得ない」とも述べた。

企業の論理か、地域振興か。主張は平行線のまま、ＪＲは11年8月、同市座光寺を含む直径5キロ円の郊外駅位置案を公表した。「国策民営」事業の「民営」の部分が顔をのぞかせたように見えた。

ＪＲ東海が郊外駅を選んだのは、丘の上の飯田駅に併設すると路線の長さが約3キロ延び、工事費も約５００億～６００億円増えるためだった。一方、飯田にとって丘の上は、人々が数百年かけてつくってきた街だ。リニア駅が郊外にできれば、従来のまちづくりを見直す必要があった。

11年8月にＪＲが郊外駅位置案を示すまで、市とＪＲは水面下で協議を重ねた。関係者によると、「地元のことを考えないと事業が止まりかねない」とする市側に対し、ＪＲ側からは「止まるとは何事だ」と怒声が飛ぶ場面もあったという。

間に入った県も円満解決には導けなかった。小林透・県下水道公社理事長(65)は当時の県交通政策課長。ＪＲと飯田駅併設の可能性を話し合ったが、費用と技術の両面で「制約があって難しさがあった」。県が最重視したのは「県内の多くの人が効果を享受するにはどうすればいいか」であり、飯田とは立脚点が違った。

リニア中央新幹線は、総工事費7兆400億円をJR東海が全額負担する事業だ。主に国や地方が財源を負担して建設する北陸新幹線（長野経由）をはじめとする整備新幹線とは大きく違う。

半面、整備新幹線と同じ全国新幹線鉄道整備法（全幹法）に基づく「国策」事業でもある。だから本線の用地交渉を県や飯田市がJRの代わりに担う。全幹法の目的は新幹線による鉄道網整備で「国民経済の発展、国民生活領域の拡大、地域の振興に資すること」とされる。

郊外駅位置案が示された11年8月、当時の牧野光朗市長（60）は「極めて遺憾」と述べた。10年余が過ぎた今、改めてどう思うのか取材を申し込んだが、現在の愛知学院大学特任教授の立場を理由に「難しい」と断られた。

元副市長の渡辺さんは「振り返っても意味がない」と多くを語らなかった。ただ、副市長当時の11年9月に記者が取材した際の音声が残る。

「建設主体がJR東海だって国が決めたことが一番大きな要因かもしれないな。そうなった段階である意味では、地域は主体者じゃなくなったっていうことだからね」

リニア郊外駅の選定理由　JR東海は2011年8月、リニア中央新幹線県内駅を天竜川右岸平地部に置く位置案（直径5キロ円）を公表した。飯田市などが求めたJR飯田駅併設案については「直線ルートから大きく南に迂回することで、併設して地上駅を計画することは可能」と説明。ただ、路線の長さが3キロ延びることで土木、電気設備が増え、トンネル施工の難しさが高い河岸段丘部を通過する距離が長くなるため、路線工事費が約500億～600億円多くなるとした。併設案は路線が飯田市の市街地内を通るため、生活環境などに影響を及ぼす恐れがある点も挙げた。

元請けの大半は県外ゼネコン

ゆっくりとダンプカーの荷台の角度が上がる。ザザザー。黒っぽい土砂が落ちた。下伊那郡大鹿村のリニアのトンネル工事で出た残土だ。建設会社員の男性(24)が2022年4月18日、到着したダンプカーを誘導し、たまった残土をブルドーザーで平らにした。

同郡高森町下市田の土地約10・3ヘクタール。ここを町は約15万立方メートルの残土で造成する。土地は約9億5000万円で町が取得した。造成事業費約8億4000万円の大半はリニアを建設するJR東海が負担する。町は22年度中に造成し、25年度まではJRがリニアの軌道に当たる「ガイドウェイ」の製作、保管に利用し、その後は町が産業用地として使う。

現場では造成前に耕土を取り除く。飯田市の北沢建設は21年度、その工事を8435万円で落札した。北沢資謹《もとのり》社長(65)は、「リニアの工事があるから関連工事も増える。関連の公共工事があるのが地元業者には大きい」と話す。

東京・品川―名古屋間で総工事費7兆400億円とされるリニア計画。県は15年、リニア建設工事による県内の経済波及効果が27年までの13年間で9991億円に上る、との算定結果を公表した。年間769億円の計算だ。

ただ、県内のトンネルや橋、駅など11工区の大半は、県外の大手ゼネコンなどによる共同企業体(JV)が受注した。JVなどで元請けに入った計21社のうち、県内業者は吉川建設、神稲《くましろ》建設(ともに飯田市)の2社にとどまる。北沢さんは当初、「何らかの形で参加できるかな」と期待したが、大手とのつながりもなく、手は届かなかった。

下伊那郡のある建設業者はJV側から仕事を打診されたが「受けても孫請け(2次下請け)以下」であるため断った。一般に間に入る業者が増えるほど、マージンが取られて下請けのもうけは減る。国や県、市町村発注の公共工事の方が「直接受注できて単価が高いので優先している」と明かす。

公共工事は道路や移転家屋の代替地の整備など、リニア関連でも増えている。高森町の産業用地整備もその一つ。20~21年度に4工区に分けた造成や周辺の町道改良などで10件の工事を発注し、町内と飯田市の業者7社が受注した。

建設投資は近年、国の防災・減災、国土強靱化への注力などを背景に増加している。一方、地方の建設業界は人手不足や高齢化に悩んでいる。北沢建設は北沢さんを含め社員40人。かつて公共工事が減った時代の採用の影響で30~40代が7人と少ない。北沢さんは地元51社でつくる県建設業協会飯田支部の支部長を21年春まで務めており、同業者の多くも同様の課題を抱えるという。

一時の需要に合わせて人や設備を増やしたら、波が過ぎた後の負担にならないか——。北沢さんは考える。それより身の丈に合わせて「こつこつ仕事をした方が良い」

自治体のリニア関連工事が生きるかどうかも、現時点で見えているわけではない。高森町の産業用地整備は、ＪＲの負担でガイドウェイ製作場所を整備するという話に、産業振興を目指す町が乗った形だ。町は流通や研究など幅広い企業進出で産業の裾野を広げたいとするが、具体的な話はこれからだ。

産業用地を利用できるのは数年先。その時、引き合いがあるのかどうか、まだ見えていない。

建設投資の推移とリニア工事による経済波及効果　国土交通省によると、１９９０年代から減少傾向だった政府・民間を合わせた建設投資額は２０１１年度に底を打ち、再び増加に転じた。東日本大震災からの復興や東京五輪関連の需要が続き、近年は防災・減災、国土強靱化関連の投資が増えている。一方、県が15年に公表した推計によると、県内のリニア建設工事による経済波及効果は15～27年で９９９１億円。ＪＲ東海の工事実施計画などから軌道、トンネル、中間駅などの県内の建設費を試算したものだ。投資による生産活動や経済波及効果を算出する際に使う「産業連関表」を用いて推計した。雇用誘発者数は年間５７５６人とした。

畳まずに済んだ給油所

２０２２年4月1日の朝、南アルプスの麓の村は、標高の高い所でうっすら雪が積もった。大鹿村大河原でガソリンスタンド(給油所)を営む松山正和さん(61)は午前9時過ぎ、軽油をいっぱいに積んだタンクローリーで出発した。ヘッドランプの付いたヘルメット、夜光反射材付きの作業着。いつもの身支度だ。

行き先は村内のリニア南アルプストンネル長野工区。工事を受注した共同企業体（ＪＶ）から、重機やダンプカーなどの給油を請け負っている。「給油できなければ工事は止まってしまう。緊張感を持って仕事をしている」という。坑口の一つ、小渋川非常口からトンネル内へ入り、約４時間で作業を終えた。

父親の始めたスタンドで、高校卒業後に働いて40年余り。経営を引き継いだ店は、人口１０００人弱の村に２カ所しかない給油所の一つだ。「リニアの仕事がなかったら店を畳んでいた」と話す。

数年前、松山さんは悩んでいた。11年施行の改正消防法で、40年以上経過した地下タンクは改修や交換が義務付けられた。自身の店では21年12月が期限。全面更新には約６０００万円かかり、捻出が難しかった。「店を閉めるしかない」。諦めかけていた。

ガソリン販売量の落ち込み、タンクの改修費などが重荷になり、全国でスタンドは減っている。経済産業省によると、一つの自治体内に給油所が３カ所以下しかない「給油所過疎地」は、21年３月末時点で県内でも大鹿村を含め34町村と、４割を超える。

燃料は住民の日常生活を支え、災害の際には命綱となる。大雨により村内で土砂崩落や地滑りが発生し、一部集落が孤立した20年７月。松山さんは応急復旧に当たる建設業者の重機の給油を担った。寒さの厳しかったこの冬も、高齢世帯に灯油を配達した。

トンネル工事を請け負うＪＶから、松山さんに声がかかったのは16年。工事が始まるのを前に、工事車両への給油を依頼された。「本当にありがたかった」。愛知県で会社員をしていた長男（34）を呼び戻し、営業を続けると決めた。

国の補助金を含め約６００万円でタンクを改修し、使用できる期間が10年ほど延びた。工事が休みの日曜日以外はトンネルへ給油に向かい、「家族で続けられるぐらいの売り上げは得られる」という。

大河原小学校（現大鹿小）に通った50年ほど前、担任の教員からこう言われたのを覚えている。「村にすごく速い新幹線ができる。赤石岳にトンネルができ、東京、名古屋が結ばれる」。松山さんは山をトンネルで抜け、小渋川の上を走る新幹線を色鉛筆で描いた。

田中角栄元首相が著書『日本列島改造論』で全国を新幹線網で結ぶ構想を示したのが１９７２（昭和47）年。そこでリニアにも触れていた。「小学生の時は半信半疑だった。まさかリニアが現実に村に来るとは思わなかった」。トンネル工事で出た残土を運ぶため道路は改良され、店も維持できた。松山さんは「夢のリニア」が村の存続につながっていると感じる。

長野工区の掘削は26年度までの予定。店を続けるめどが付いた10年後は静かな村に戻っているはずだ。店はその先どうするつもりなのかと尋ねると、「終わりかな」。はっきりした口調で答えが返ってきた。

給油所過疎地　市町村内のガソリンスタンド（給油所）が３カ所以下の自治体。経済産業省によると、２０２１年３月末時点で全国では３４３市町村あり、17年３月末から41増えた。経産省は自家用車や農業機械への給油、マイカーを持たない高齢者への冬場の灯油配送などが課題になると指摘。経営体質の強化や適正配置、自治体による対策の必要を示している。

過疎の村にガールズバー

夜は明かりが少なく、星空の美しい大鹿村。歓楽街とは縁遠い人口1000人弱の過疎の村に、リニアの工事が2016年に始まった後の一時期、「ガールズバー」があったという。現地を訪れると、確かに看板があった。ただ、営業している様子はなかった。

建物は一見、ペンションのよう。村民に聞くと、以前は人気のある喫茶店だったという。喫茶店の元経営者で、土地と建物の所有者が諏訪郡富士見町にいると聞き、訪ねた。「本当は誰かに買い取ってほしいのだけれど、いい条件の相手が見つからなくて…」。大家の曽我彰さん(73)はつぶやいた。

3、4年前、曽我さんが大鹿村に出向き、店の土地で草刈りをしていると、男性に声をかけられた。北信地方の会社経営者で、リニア工事を受注する共同企業体(JV)の幹部と付き合いがあるという。「JVの作業員宿舎向けに弁当店を開きたい。建物を貸してほしい」と頼まれ、「空き家にしておくよりは」と承知した。

敷地に「ガールズバー」の青い看板が立ったのは、それからしばらく後だった。会社経営者から店を借りた別の業者が内部をバーのように改装し、カラオケを設置。若い女性がカウンターに立った。店はJVの宿舎から500メートルほど。作業員の来店を当て込んだと村民たちはみていた。

当時、店を訪れたことのある男女に話を聞くと、料金は4000円ほどで飲み放題。天井にはミラーボールがきらめいた。店の女性に「どこから来たの」と尋ねると、「長野から」と返ってきたという。近隣の女性によると、店の明かりがついていない日も多かった。あまりはやらなかったのか、1

カ月ほどで閉店した。

建物はその後、千曲市の男性が会社経営者を通じて借り、19年12月ごろに居酒屋を開いた。やはりＪＶ宿舎で生活する作業員の来店を期待したが、訪れる客は少なく、翌春には県内でも新型コロナウイルスの感染が拡大。休業を余儀なくされた。

村内２カ所のＪＶ宿舎には22年３月現在、作業員ら計１５５人が暮らし、今後はさらに増える見込みだ。居酒屋を休業する男性は、店内の改装費用や休業中も払った家賃を回収するため営業の再開を期すが、「コロナが収束しないと難しい」とため息をついた。

敷地に「ガールズバー」の看板が残る建物．リニア工事作業員の来店を見込み，その後は居酒屋になったが，現在は休業中だ．2022 年 4 月 13 日，大鹿村大河原．

大家の曽我さんは大手旅行会社を退職後の08年、妻の真澄さん(75)と東京都品川区のマンションを引き払って大鹿村に移住し、喫茶店「ぽれぽれ」を開いた。店名はスワヒリ語で「ゆっくり」という意味。「静かな環境でのんびり暮らしたい」と退職金など２０００万円余で店舗兼住宅を建てた。

しかしその後、品川と名古屋を結ぶリニア計画が具体化。村で南アルプスを貫くトンネルの工事が予定され、ＪＲ東海からは当初、店近くの国道１５２号を１日最大１７００台余のダンプカーが走ると説明された。「もうここには住めない」と、わずか６年で富士見町の中古住宅へ移った。

土地と建物を貸す時、村の環境に合った店にしてほしい――

と会社経営者に頼んだ。店が一時、ガールズバーになったと聞いた時は困惑した。愛着のある場所なので「村の将来につながるよう活用してほしい」とだけ願っている。

リニア工事の共同企業体（ＪＶ）宿舎　ＪＲ東海広報部によると、ＪＶの作業員宿舎は２０２２年春現在、県内で飯田下伊那地方と木曽地方に8カ所。下伊那郡大鹿村の南アルプストンネル長野工区と伊那山地トンネル青木川工区の宿舎には計１５５人が居住。同郡豊丘村の伊那山地トンネル坂島工区と戸中《とちゅう》・壬生《みぶ》沢《さわ》工区の宿舎には計71人。他に天竜川橋りょう工事などの同郡喬木《たかぎ》村の宿舎に14人、飯田市の中央アルプストンネル松川工区の宿舎に52人。中央アトンネル萩の平・広瀬工区の同郡阿智村の宿舎には15人、木曽郡南木曽町の中央アトンネル尾越工区の宿舎には8人が住んでいる。

作業員宿舎の恩恵は乏しく

２０２１年12月は精米４１０キロ、豆腐、その他野菜類、食品。22年1月は精米３２０キロ……。大鹿村交流センターで3月23日、村担当者が3カ月分の実績を読み上げた。南アルプストンネル長野工区の共同企業体（ＪＶ）宿舎に納入された地元農産物の数量だ。

村内に2カ所あるＪＶ宿舎は作業員に食事を提供している。「地元貢献」として、食材の一部を地元から購入する。自治会長や村幹部、リニア建設を進めるＪＲ東海の担当者らが3カ月に1度集まる村リニア連絡協議会で数量が報告されるが、コメ以外はわずかだ。

ＪＶ宿舎2カ所に住む作業員らは3月時点で計１５５人。村人口の1割を超える規模だ。8割が暮らす南アトンネル長野工区の宿舎は小渋川沿いにあり、2階建てのプレハブが6棟並ぶ。食堂などの運営は、寮や宿舎などの管理を手がける横浜市の建設業グループ会社が担っている。取材を申し込んだが「JVに聞いてほしい」と断られた。

宿舎ができたのは17年。当初は地元業者も経済効果に期待した。村商工会は村産食材の購入や地元商店の利用を要望し、JV側も「できるだけ村で調達したい」と応じた。しかし、野菜や肉などを大量に仕入れて価格を抑え安定的に供給するには、大型の冷蔵庫などの設備が必要で、村内の小規模商店では難しかった。

小渋川沿いにあり，作業員らが暮らすリニア工事のJV宿舎．食堂などの運営は横浜市の会社が担っている．2022年4月13日，大鹿村大河原．

「コメ以外の野菜を大量に作る農家は少ない」と村商工会長の松尾勲さん(68)。農産物直売所がある道の駅「歌舞伎の里大鹿」を運営する第三セクター社長の大坪弘之さん(54)も、食材供給をJVから打診されたができなかった。「態勢をつくるには従業員を増やす必要があり、難しかった」と言う。

他にも下伊那郡内のクリーニング会社など、JV宿舎の設置を商売につなげようとする動きはあった。ただ、今後最大で200人を超える作業員に安定したサービスや商品を提供するには設備や人員が足りず、投資にも踏み切れないケースが目立った。

会沢秀介さん(42)は大鹿村鹿塩《かしお》でガソリンスタンドと食料雑貨店を営む。東京から妻や子ども2人と移住して2年目の17年、高齢になった地元店主から経営を引き継いだ。「買い物ができなくなる」と心配する地元のお年寄りの声にも後押しされた。

それから5年。村の人口が減っていく中で、商店の経営は赤字だ。リニアのトンネル工事で出た残土を運ぶダンプカーが多くなり、給油の売り上げは増えてきたものの、「商店の赤字分を埋めるのでやっと」と言う。

ＪＲ東海広報部は「ＪＲ社員はできるだけ地元の店を利用するようにしている」と説明する。大鹿村を訪れる旅行商品づくり、名古屋の百貨店で開いた催しへの大鹿からの出店とＪＲ社員による販売の手伝いなどの「地元貢献」の実績も挙げる。

一方、村では今後、残土運搬のダンプが現在の１日８２０台から、最大で約１３５０台に増える見込み。ダンプの通行に不安を感じ、車の運転を控える住民もいる。

「工事で村民の負担は増している。恩恵がもう少しあってもいいのだけれど」。会沢さんは店先でそう漏らした。

ＪＲ東海の「地元貢献」　ＪＲ東海広報部によると、２０１９年に大鹿村の道の駅「歌舞伎の里大鹿」や村中央構造線博物館などをめぐる観光ツアーを旅行商品として企画。名古屋駅ビルの百貨店で開いた物産展に道の駅が出店する機会をつくり、ＪＲ社員が販売を手伝った。21年には下伊那郡高森町の中学校で職業紹介イベントに出展。トンネル工事の残土運搬車が通る同郡松川町では交通安全活動に参加した。この他、工事を請け負う共同企業体（ＪＶ）やＪＲの現地事務所などで清掃員など約30人を地元から採用したとしている。

〔歩いた記者は〕――誰のためのリニアなのか

飯田市中心市街地の「丘の上」は２０２２年3月下旬、大名行列や獅子舞といった芸能を楽しむ人であふれた。７年目に1度の「飯田お練りまつり」。前々回のまつりを飯田支社で取材した青木信之(38)、前回も支社に勤務していた前野聡美(36)は変わらぬ雰囲気を感じ、初めて見た佐藤勝(43)はにぎわいに驚いた。

まつりの後。12年前や6年前と比べ、歩く人の数は減り、シャッターを閉じたままの店が増えた。飯田下伊那地方の商業・文化の中心地で商店主や経営者、元市幹部らに話を聞くと、「何とかしなければ」という焦りが伝わってきた。

ＪＲ東海は「リニアが通ることが沿線の地域振興になる」とする。私たちはリニアに期待した飯田の歴史を聞いて歩いた。実現の道筋が見えなかった１９８９年前後、若手経営者たちはリニア誘致に熱を入れた。北陸新幹線高崎―軽井沢間の工事が認可され、県内で公共投資の「北高南低」も言われていた。

「夢」を共有してきたはずのＪＲと飯田は２０１０～11年、リニアの県内駅をめぐりぶつかった。ＪＲは郊外を念頭に「造りやすい所に造る」と主張し、地元は丘の上のＪＲ飯田駅への併設を訴えた。ＪＲが貫いた結論は、「国策民営」事業の「民営」の顔だった。

鉄道の路線や駅をめぐり、政治の介入が「我田引鉄」と揶揄された時代があった。一方、リニアは東京・品川―名古屋間の総工事費７兆４００億円をＪＲが全額負担する。距離と費用が優先され、地域振興は二の次になった。「ルートを決めたのもJR、駅位置を決めたのもJR」。飯田商工会議所の原勉会頭は言う。

まちづくりは仕切り直しを迫られた。市が現飯田駅近くで30年前に買った土地は「塩漬け」が続き、飯田線とリニアをどう結ぶかさえ決まっていない。丘の上の中央新幹線長野工事事務所は営業時間以外に看板も出ておらず、住民が気軽に声を伝える場にはなっていない。原会頭は「地域の発展、住民に寄り添う会社になってほしい」と望む。

市郊外の上郷飯沼・座光寺では年内にもリニア駅の工事が始まる。住民自治組織「北条まちづくり委員会」は、住宅地の環境を守るため開発は最小限にするよう求める。一帯では家屋の移転が進み、地域のつながりを維持するので精いっぱい。小池永利会長(68)は「リニア駅を活用した地域づくりなどまだ考えられない」と打ち明ける。

リニアの建設工事では、地元で恩恵を受けた事業者がいる半面、工事の元請けや作業員宿舎の運営といった大きな仕事は大都市の企業に還流していた。大鹿村など多くの工事車両が走る地域では、負担と恩恵のアンバランスに不満の声が漏れる。

市町村が力を入れる移住受け入れにも影響がある。曽我彰さん、真澄さん夫妻は08年、東京から大鹿村に移り住み喫茶店を始めたが、14年に諏訪郡富士見町へと再び移住。リニアの工事で多くの工事車両が付近を走ることがその理由だった。

誰のためのリニアなのか。地方に住む私たちには疑問が募る。曽我さんはハナモモの花咲くかつての喫茶店の写真を見せてくれた。「本当に静かで美しい村だった」とつぶやいた。

（2022年4月19〜29日＝全10回）

「夢と現実」その後

飯田市は2022年3月、今後のまちづくりについて、市内3エリアそれぞれに機能や役割を発揮させる「3重心」の考え方を公表した。リニア長野県駅（仮称）予定地の一帯は「交流重心」とし、産業創出や研究開発、サテライトオフィス誘致などのビジネスゾーンを形成し、人材育成の機能などを持たせるとした。

一方、中心市街地「丘の上」の周辺は「都市重心」と位置付けた。行政や文化、金融、飲食などの集積を生かし、居住環境や交通の利便性を高め、人や資本、情報が集まる場を目指す。5月にはスーパー閉店後のビルが、市の公民館なども入った複合施設としてオープンした。ただ、「自分の代で店を閉じればいいと考えている人も多い」（50代男性）と厳しい声も聞く。

11月に2期目の任期に入った飯田商工会議所の原勉会頭は「JR東海は中間駅への関心が薄い。人口過疎な場所に光を当てる気持ちがJRにもあってもよい」と話す。

トンネル掘削工事が進む大鹿村で一時期「ガールズバー」だった店舗を居酒屋に改修した男性から11月、記者に連絡があった。店を閉じることを決めたという。

CLOSE UP

リニア駅併設が実現せず、市の取得土地は時価7分の1に

飯田市が1992〜93年に国鉄清算事業団（98年に解散）から購入し、駐車場や広場として利用するJR飯田駅隣接の旧貨物用地計6174平方メートルの時価が、購入時の7分の1に当たる約1億6600万円に下落していることが、専門家の試算で分かった。

旧貨物用地は飯田線を挟んで東西にあり、東側が3633平方メートル、西側が2541平方メートル。

信濃毎日新聞は不動産の専門家に依頼し、土地の時価を簡易な方法で試算した。2021年1月1日現在の路線価を基に、路線価が時価の8割程度に設定されていることから時価相当額を算出。面積が広くなるほど単価が下がる土地評価の考え方を加味し、市街地の減価率を当てはめた。

結果は東側の土地が約1億円、西側が約6600万円だった。市は1992〜93年、これらの土地を計11億5707万円で購入していた。試算した専門家は「バブル経済が崩壊し、駅前の地価が下落したことをそのまま反映している」と指摘している。

市によると、駐車場の2020年度まで10年間の維持管理費は年平均1187万円で、駐車場収入は年平均1449万円。一方、市有地のため固定資産税収入はない。

購入時に田中秀典市長（故人）や市幹部は、市議会全員協議会で「将来の高速交通網時代を展望し」

「政治判断」で決めたと説明。元市幹部や元市議は、リニア中央新幹線整備が念頭にあったと信濃毎日新聞の取材に答えている。

市は購入当初から「当面の活用」として駐車場や広場を整備し、その後の利用は当時、田中市長が「議会側、市民と積極的に考えてまいりたい」としたが、30年後の今も新たな使い道は決まっていない。市企画課は「現在、何かに活用することを議論していることはない」としている。

（2022年4月21日掲載）

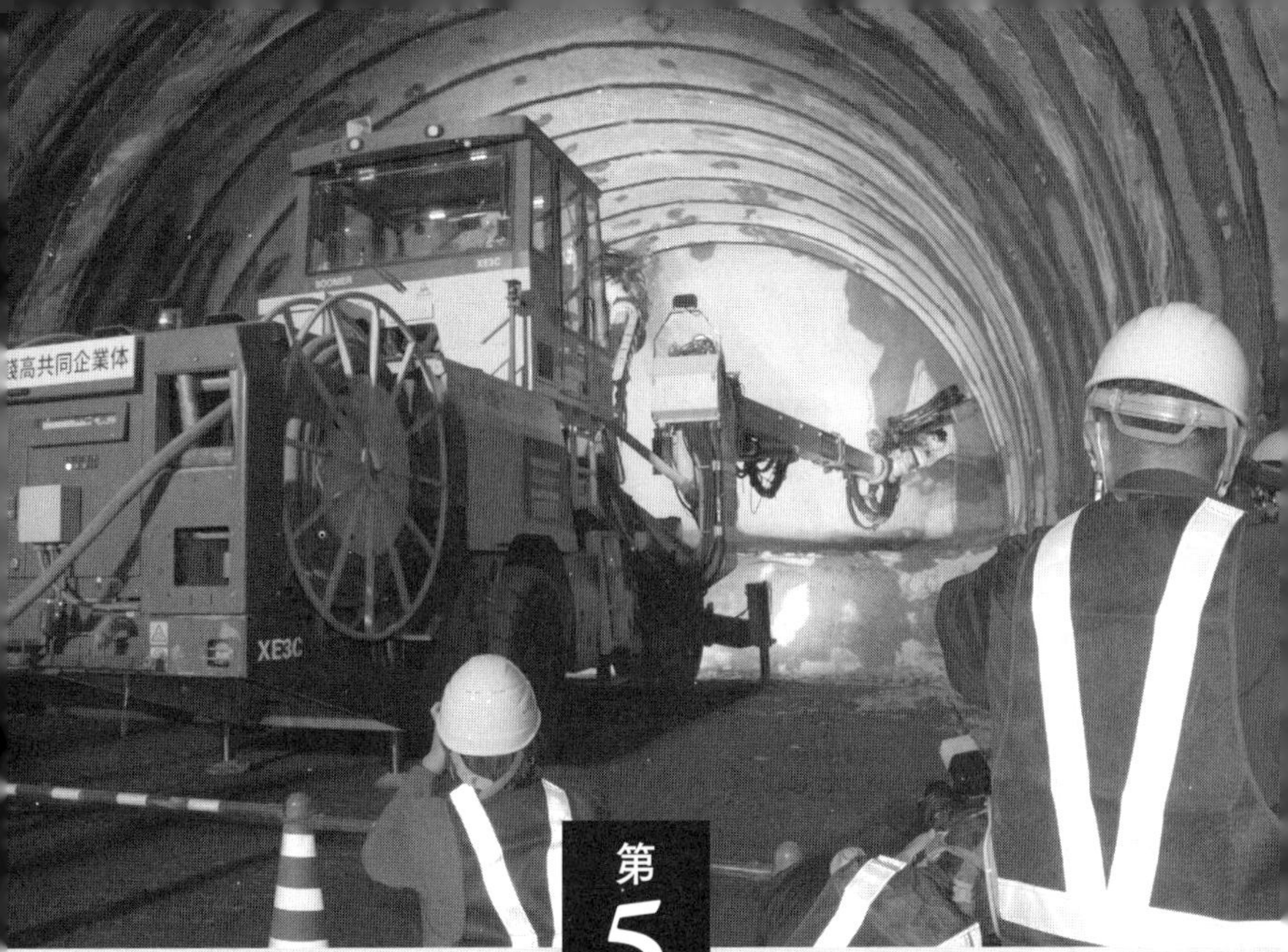

第5部

暗中掘削

報道機関に公開された南アルプストンネル
「広河原非常口」の作業用トンネル工事現場.
各地で掘削が続いている.
2021 年 5 月 12 日，山梨県早川町.

2021年秋以降、リニアのトンネル工事現場で事故が相次いでいる。長野、岐阜、愛知県で計6件の事故があり作業員1人が死亡、7人が重軽傷を負った(22年6月現在)。公共性が高く地域住民が注目するリニア事業。JR東海は「労災事故は原則として発表していない」と公表に消極的な姿勢を続ける。トンネルで何が起きているのか。第5部は、その実態と閉鎖性、「国策民営」事業を担う企業の姿勢について考える。

息子の「誇り」が遺品に

コンブ漁で知られる北の港町は、潮の匂いがした。北海道函館市の郊外。ここで生まれ育った小板孝幸さんは２０２１年10月27日、山に囲まれた岐阜県中津川市のリニア中央新幹線瀬戸トンネルの工事現場で起きた崩落事故により、亡くなった。44歳だった。

22年5月上旬、記者は実家を訪ねた。手を合わせた遺影は、両親が「一番いい写真」という笑顔。「誰からも好かれ、親思いで本当にいい子だった」。事故から間もなく7カ月。2人は静かに語りだした。

高校を卒業後に地元の建設会社に数年勤め、道外の建設会社に転職した。トンネル工事に携わり、会社を移りながら各地の現場を渡り歩いた。「経験も技術もあるから、いろいろな人に誘われ、福井や岐阜を中心にトンネルばかりを掘っていた」。父親(72)は振り返る。

結婚し、2年前には福井県美浜町に新居を構えた。その後も週末に自宅に戻れる範囲の現場を選んでいたという。新型コロナウイルスの流行が始まった2年余り前までは、毎年のように帰省していた。仕事の話はあまりしなかったが、「トンネルを掘るにはいろんな資格がいるんだ」と幾つか資格証を広げたことがあった。

「これは大切な遺品」。父親の手に、赤字で「貫通」と書かれたガラスに入った小さな石があった。

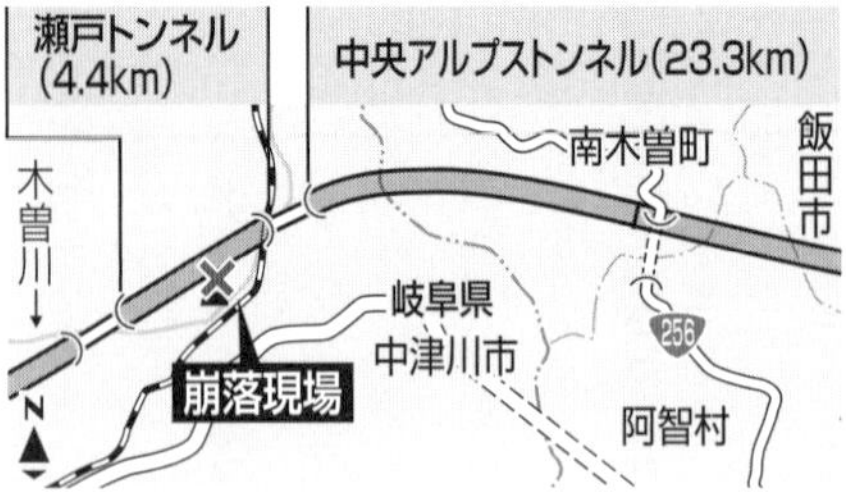

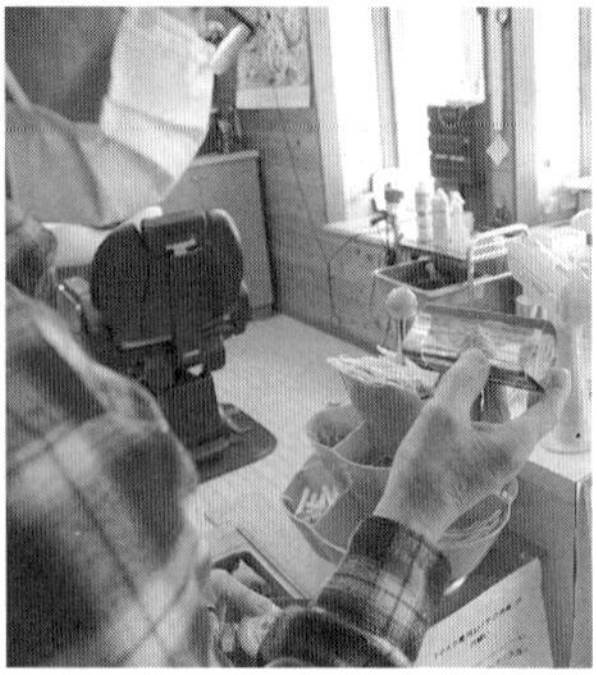
飛驒トンネルの「貫通石」を手にする小板さんの父親．2022 年 5 月 10 日，函館市．

東海北陸道最大の難工事、飛驒トンネル(岐阜県、10・7キロ)が開いた際に出た「貫通石」。工事関係者に配られた品だ。安産や受験、就職活動などのお守りにもされるという石を、「これ、俺が掘ったんだ」と誇らしげに見せてくれたという。

突然の事故は21年10月27日夜、小板さんの妻からの電話で知った。函館空港の最終便は出た後で、翌朝に岐阜へと向かった。「息子がどんな所で事故に遭ったのか、現場を知りたい」。父親はトンネル内に入りたいと共同企業体(JV)の関係者に頼んだが、「駄目です、駄目です」。答えはその一点張りだった。

小板さんは21年、福井県の会社から本社が東京の会社に転職し、瀬戸トンネルの現場に入って1週間ほどだった。「現場の責任者は発破直後になぜ危険な場所に入り、息子たちも後に続かないといけなかったのか。会社やJRの安全管理はどうだったのか」。会社やJRから直接の説明はない。納得いくよう調べ、説明してほしいと父親は訴える。

「息子は命を懸けてトンネル工事をしていたわけではない。安全に終わらせるために仕事をしていたんだ」

事故後、父親は経営する理容院の仕事に力が入らなくなった。店の中には大きなサケやババガレイの魚拓が飾られていたが、好きだった釣りにも行っていない。

母親(72)は毎日、仏壇にご飯を供えるたびに「なんで」と涙が出てくる。

今春の大型連休。実は小板さんが妻と帰省し、両親をドライブに誘う計画だったときょうだいから父親は聞かされた。「本当ならここに来ていたはずなのに……」。父親は貫通石をじっと見つめた。

記者が函館から戻って3日後の5月13日。事故後に中断していた瀬戸トンネルの工事が再開した。JR東海は、社員が現場に立ち会って安全を確認したと強調した。記者は現場へ向かい、外から写真を撮った。気付いたのか、出入り口のシャッターが閉められた。


リニア瀬戸トンネル工事の死傷事故　JR東海の報告書によると、本線につなげる作業用トンネル(斜坑)を、地上から約70メートル掘った最先端の「切り羽」で岩が2回崩落した。午後7時12分の発破点火の後、同14分に作業員が斜坑内に入り、責任者の「発破作業指揮者」が火薬の一部の不発を疑って確認のため切り羽に接近。小板孝幸さんら作業員4人も近づいた。同17分に岩が崩落し、小板さんは足が挟まって転び、後ろの男性作業員に寄りかかって男性も転倒。男性が小板さんを介抱しようとした直後、2回目の崩落が起き、小板さんは転がり落ちた岩の下敷きになり死亡した。男性も左足を挟まれ骨折などの重傷。岐阜県警は2023年2月、業務上過失致死の疑いで、作業主任者ら2人を書類送検した。

経験豊富な作業員が、なぜ

金属製の塀で囲まれた工事施工ヤード(作業場)の出入り口が、開いていた。中で作業員が歩き、重機の音が聞こえる。リニア瀬戸トンネルの工事は5月13日、再開した。小板孝幸さんら作業員2人が死傷した事故から約7カ月ぶりだった。

小板さんを知る元同僚は、今も後悔の念を抱える。福井県大野市の小沢勇さん(69)。5月上旬、自宅を訪れた記者に、「真面目ないい子だった。あんなことになるなら、もっと強く引き留めときゃよかった」とこぼした。

小沢さんが22年春まで勤めた大野市のトンネル工事会社に小板さんが入ったのは、5年ほど前。トンネル工事の経験は長く、入社後は掘削チームのサブリーダーを任された。岩盤に火薬を詰める穴を開ける作業などを担い、地山《じやま》の状況を判断して工法についても意見する役回りだった。

小沢さんは現場代理人として、福井県や岐阜県の工事現場3カ所で小板さんと一緒に仕事をした。同じ北海道の出身。トンネル掘りが長い小板さんを、自分に重ねてもいた。その小板さんが退社したのは事故の1、2週間ほど前。瀬戸トンネル工事の1次下請けを担う村崎建設(東京)に転職するためだった。

この業界は会社間で人の出入りが激しい。小沢さんはいつも「去る者は追わず、来る者は拒まず」の姿勢でいたが、小板さんには目をかけてきた。退社前日に「(ここに)もっといれんのかー」と声をかけた。「もう決めたけんなー」。困ったような表情が忘れられない。

JR東海が岐阜県に提出した報告書によると、事故は発破点火の5分後に発生。小板さんら作業員が責任者の指示がない中で、掘削の最先端「切り羽」付近の立ち入り禁止範囲に入ったことが原因とされた。発破直後の地山は不安定で、近づく前に浮き石を落とす作業などをするのが一般的だ。小沢さんは首をかしげる。小板さんには長い経験があり「現場の危険を全部知っている子」だったからだ。報告書などによると、発破後、火薬の雷管に接続する「脚線」が切り羽の天井付近から垂れ下がっているのを責任者が見つけ、不発を疑って近づいた。該当する火薬を詰める作業の担当は小板さんだった。新しい会社でまだ1週間余り。責任を感じたのだろうか。小板さんらは責任者に続く。そこで切り羽が崩落する「肌落ち」が2回起き、小板さんら2人が巻き込まれた。

岐阜県の専門家会議は指摘する。責任者が切り羽に立ち入ると判断した際に、現場での切り羽観察と安全性の判定が十分になされていたのか。仮に責任者が立ち入らなければ、それに他の作業員が追随することは避けられた可能性があるのではないか——。当時は監視責任者による切り羽の監視もされていなかった。

工事が再開した13日、都内の村崎建設を記者の一人が訪ねた。JR田町駅近くのビル街。オフィスの一角の応接セットで、作業着姿の木全《きまた》克夫社長(66)に事故原因の見方を聞いたところ、「われわれは下請け。どう考えているかも含めてお答えできない」とだけ話した。

JR東海の報告書によると、小板さんが詰めた火薬は再確認の結果、爆発していた。

「安全なら堂々と公開しては」

トンネルの上部と下部にある照明が、舗装された路面とコンクリートが吹き付けられた壁や天井を照らす。「切り羽」と呼ばれる掘削の最先端に近づくと、付近は照明で一層明るくなり、ほこりが舞うのが見える。長野県内で工事が進むリニア中央新幹線のトンネル。取材によると、現場ではこんな風景が広がっている。

JR東海によると、リニアの本線トンネル(本坑)は高さ7・6メートル、横幅12・8メートルのかまぼこ形になる。県内で本坑の掘削が始まったのは伊那山地トンネル(下伊那郡大鹿村—豊丘村、15・3キロ)と南アルプストンネル(大鹿村—山梨県早川町、25キロ)の2カ所。開業後に非常口となる坑口から本坑までの作業用トンネル(斜坑)や、本坑に並行して調査目的で掘る「先進坑」は本坑より一回り小さい。

掘削工事は昼夜を問わず続き、火薬を使って岩盤を砕く発破作業は1日3、4回実施される。外の工事施工ヤード(作業場)との間にある防音扉が閉められるが、作業員は発破地点からは離れても防音扉の内側にいることが多い。ある工事関係者は「音や振動は、近くだと工事車両が揺れるほど」だと言う。

トンネル内の工事現場の視察についてJRは「安全や工程に支障がある」として基本的に受け入れていない。山梨県や岐阜県では報道機関にトンネル内が公開された例があるが、長野県内ではなかった。

大鹿村釜沢の遠野ミドリさん(67)は19年7月、釜沢集落の下にある南アトンネル除山《のぞきやま》非常口のヤードを見学した。近くの釜沢非常口で工事が始まるのに合わせ、釜沢自治会の住民らに公開された機会だった。

ヤードからトンネルを覗くと、厚い防音扉が見え、奥の路面は濡れていた。許可されたので写真も撮った。インターネットには載せないよう言われたが、外からの写真なら問題ないと思い、説明の様子と一緒にフェイスブックに掲載した。間もなくJRの社員2人が自宅に来て、「ネットで拡散させないでください。写真ならJRのホームページの写真を使ってください」と言った。

掲載した写真は、パネルを持って説明する社員の顔も分からないよう配慮していた。具体的に何が問題なのか説明はなく、「約束が違う」と繰り返された。訪れた社員に聞いたところ、ネット上へのリニア関連の投稿を社内でチェックしていると言われた。

「どんな工事か知ってほしかっただけ。安全に進めているのなら、堂々と公開してほしい」。遠野さんは訴える。

何か秘密があるのか。トンネル内に、リニアの軌道に当たる「ガイドウェイ」などはまだ設置され

長野県内のリニアトンネル工事　県内のリニア路線は地上区間が4・4キロに対し、トンネル区間が48・5キロを占める。トンネルは東から南アルプス（山梨県早川町―下伊那郡大鹿村、25キロ）、伊那山地（大鹿村―同郡豊丘村、15・3キロ）、阿島（同郡喬木村、約170メートル）、風越山（飯田市、5・6キロ）、中央アルプス（飯田市―岐阜県中津川市、23・3キロ）の5本の建設を予定。多くは火薬で岩盤を砕いた直後に壁面を吹き付けコンクリートで固め、ロックボルトを打って地山を安定させる「ナトム工法」を使う。風越山トンネルの一部は、円筒状の掘削機械「シールドマシン」で地山を支えながら掘り進む「シールド工法」を活用する。伊那山地トンネルと南アルプストンネルでは本坑の掘削が始まっている。

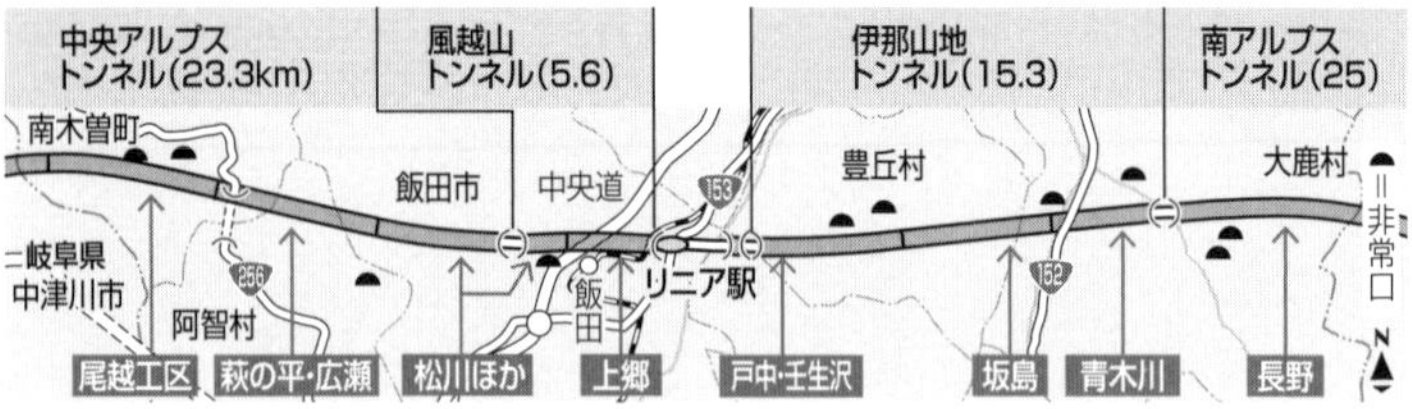

ていない。工事関係者は言う。「リニアのトンネルといっても、他のトンネルと変わらないよ」

22年4月中旬、「リニア新幹線を考える静岡県民ネットワーク」の住民6人が大鹿村を訪れた。今春から釜沢自治会長を務める遠野さんは、トンネル工事で出た残土の仮置き場などを案内した。

自治会向けに坑口の見学会が以前あったことも紹介し、「トンネルの中に入ったことはなく、中で何が行われているかは分からない」と話した。「中を見たことないんですか」。驚く声が上がった。

「山は金」——作業員の原動力

中年男性客の多い店だった。21年の冬の初め。冷え込んだ日に、記者はその男性と初めて会った。

「おまえはどっちだ。反対派か」。リニアのトンネルを掘っているという男性は、初対面の記者を疑うように警戒感を示した。リニア計画をめぐって賛否が分かれる世論を敏感に意識してだろうか。こちらの腹を探るような目に感じた。

トンネル工事は危険と隣り合わせだ。21年10月、リニア瀬戸トンネル工事現場で作業員2人が死傷。作業用トンネルの掘削の最先端「切り羽」で岩が崩れ落ちる「肌落ち」が起き、岩の下敷きになった小板孝幸さんが犠牲になっていた。

「何を書きたいの」。男性がこちらに顔を向けた。命に関わる危険な現場で、誰に知られることもなく働く作業員の思いを伝えたい――。すると、男性は言った。「…俺たちは誰にも認められないからな」。難しい工事が完成しても、作業員の名前が知られるわけではない。感じる部分があったのか、トンネルを掘る危険と覚悟を口にし始めた。

一般的に山岳トンネルで採用される「ナトム工法」は、切り羽に数多くの穴を機械で開け、火薬を仕込む。砕けた岩石はダンプカーやベルトコンベヤーで外へ出す。掘ったばかりの岩盤にコンクリートを吹き付けたりロックボルトを打ち込んだりして、崩壊を防ぐ。

「肌落ちはいつ起きるか分からない。切り羽で火薬を詰める時が一番危ない」。火薬を詰める時は手元に集中するため、頭上は見えない。「これくらいのが、がさっと落ちたら終わり」。胸の前で大きな岩を抱えるようなしぐさをした。

各地でトンネル工事の経験を重ね、肌落ちは何度も見てきたという。危険が迫ると、吹き付けたコンクリートが割れる。「やばいと思ったら(切り羽には)もう入らない」。異変に神経を研ぎ澄ますが、肌落ちは一瞬の出来事。「『危ない』の『あ』って言った時にはもう落ちてる」と言う。

その後も複数回、男性に取材を続けた。肌落ちは21年11月、下伊那郡豊丘村の伊那山地トンネル坂島工区でも発生し、作業員1人が軽傷を負った。切り羽の周囲を安定させるロックボルトなどは十分施工されているのだろうかと男性に尋ねた。「山(の状態)が悪ければ悪いなりに、元請けとJR東海が『ここに補強のロックボルト打ちますよ』『お金を出してください』と話をする。安全第一だ」

トンネル工事現場での労災も相次いだ。22年春までに豊丘村と愛知県春日井市のトンネル工事でさらに4件。「事故は、連鎖する時がある」。肌落ちに巻き込まれた小板さんの事故も人ごとではない。「いつ自分が同じようになるか分からない。俺たちは運と闘っている」。男性は言った。

対面で話を聞いた時に、過酷な仕事に向き合う原動力が何かを尋ねた。「それはこれよ」。男性は右手の親指と人さし指で輪を作った。ある専門業者によると、作業員の月収は100万〜150万円に上ることもある。「山は金だ」。男性は本気とも冗談ともつかぬ口ぶりで言った。

危険と隣り合わせの工事は、今も続いている。

リニア県内トンネルの工事態勢　長野県内のリニア主要トンネル4本(南アルプス、伊那山地、風越山、中央アルプス各トンネル)は、県境をまたぐ部分を含め9工区に分割され、それぞれ県外ゼネコンを中心とする2〜4社の共同企業体(JV)が受注している。トンネル工事関係では下伊那郡大鹿村、豊丘村、飯田市、同郡阿智村、木曽郡南木曽町に工区単位を中心に7カ所の作業員宿舎を設置。22年4月時点で作業員計330人余が、宿舎で生活しながら掘削などの工事を進めていた。従事する作業員は今後さらに増える見込み。

宿舎と現場を往復する日々

トンネル工事で火薬を使い、岩盤を砕く発破作業。リニアの建設現場では直前の合図にスピーカーからサイレンが鳴った後、音楽が流れるという。音楽は現場ごとに違うものの、ある工区では動画投稿サイトで近年、話題になった曲が使われた。

歌手Ａｄｏ《アド》さんのヒット曲「うっせぇわ」。曲の後に発破まで残り時間のカウントダウンが始まる。掘削の最先端の「切り羽」近くでは防音や防じんのために専用シートが張られている。…3、2、1。ごう音が響き、振動が伝わる。

「音や振動はものすごいけれども、ずっとやってきたことだから慣れたよ」。西日本の出身で、現在は県内のリニアトンネル掘削に携わる男性作業員が話す。

リニアの工事現場では21年10月、瀬戸トンネルで崩落が発生し作業員の小板孝幸さんら2人が死傷、その後も県内外で事故が続く。男性は「岐阜の事故以降、ＪＲ東海からは『絶対に事故を起こすな』と強く言われている」とする。

国家プロジェクトとされるリニア計画。しかし、リニアだからと特別にやりがいを感じているわけではないと言う。「安全に工事を終わらせることしか考えていない。どこのトンネル現場も同じ」

岩手、香川、熊本……。飯田下伊那地方でリニア建設工事に携わる作業員用宿舎の駐車場には、多くの県外ナンバー車が止まる。トンネル工事には専門的な技術が必要で、県外のトンネル工事会社が多く下請けに入っている。作業員もトンネル工事の経験者が各地から集まっている。

県内のトンネル工事の現場は多くが山間部にあり、作業員は近くに共同企業体（ＪＶ）が用意した宿舎で寝泊まりする。食堂や風呂が併設され、基本的に外出する必要はない。男性の暮らす個室は広さ3畳（約5平方メートル）ほど。壁は薄く、隣の部屋から電話の声が聞こえることもある。

そのため男性は家族とはあまり連絡を取っていない。「作業から帰ったら、基本的にはすぐ寝るだけ」。休みの日に飲むビールと、パチンコが数少ない楽しみだ。

新型コロナウイルスの流行後は、感染対策も厳しい。年末年始や大型連休などで工事が休みになり帰省すると、現場に戻ってくる前に検査を求められた。結果が陰性でも、2週間は作業以外に宿舎から出ず、地域の住民と接触しないように釘を刺された。

「もし感染を広げたら、地元の人に何を言われるか分からない」。男性はそう話して首をすくめる。

22年4月、リニア工事が進む大鹿村の大磧《たいせき》神社で7年目に1度の御柱祭があった。里曳《さとび》きでかけ声を合わせる中に、南アルプストンネル長野工区の工事を請け負うJVの筆頭会社の社名が入った法被姿の男性が数人、交じっていた。「重いけど、楽しいです」とその一人。工事関係者と地域との接点が少ない中で、珍しい光景だった。

村内や村に通じるアクセス道では、工事で出た残土を運ぶダンプカーが数多く走る。一緒に御柱を曳いた地元の男性(76)は、それも意識しつつ口にした。「工事をしている人たちは悪くない。少しでも仲良くやりたい」

遅れる工事、相次ぐ事故

灰色の石や砂利が小渋川右岸の河原を埋める。大鹿村にある南アルプストンネル長野工区の小渋川非常口(坑口)。ここから本線トンネル(本坑)予定地へ向けて掘った作業用トンネル(斜坑)は既にできあがり、本坑の掘削が22年4月に静岡県側に向けて始まった。

静岡県との県境、南アルプス稜線直下で地表からの深さ（土かぶり）が最大約１４００メートルとなる長野工区は、強い地圧の中を掘る「最難関」の一つだ。16年、県内路線52・9キロの最初に工事着手。ただ、本坑の掘削開始はJR東海が当時説明した予定から3年ほど遅れた。

長野工区の東隣の静岡工区では、南アトンネル掘削に伴う大井川の流量減少の懸念から、静岡県が着工を認めていない。JRが目指す東京・品川―名古屋間の27年開業は難しくなり、静岡の対応が注目を集めている。その陰で実際には、沿線各地で工事が当初計画から遅れている。

工事が始まる前の段階から遅れが予想されることも多い。長野工区の場合、大鹿村に3カ所ある坑口のうち小渋川非常口と釜沢非常口の付近は、森林法に基づき開発を制限する保安林に指定されていた。工事には指定の解除が必要で、住民から異議を申し立てる意見書が出たこともあり、手続きは長引いた。

下伊那郡阿智村の中央アルプストンネル萩の平非常口は19年11月時点で、20年度後半に掘削を始める計画だったが、今も準備工事の段階。20年8月時点で21年度半ばの掘削開始を予定した木曽郡南木曽町の広瀬非常口も掘り始めていない。ともに住民の理解が得られず、掘削で出た残土の置き場が決まっていない。

「JR東海には新幹線の建設経験がない」。リニア工事に関わるある県内企業の役員は、工事の遅れの背景をそう指摘する。当初見込んだ工程は大幅にずれ込み、自社の設備投資や資金繰り、業務計画が狂った。県内路線全体でも残土置き場は十分に確保できておらず、「工事がいつ止まるか不安がある」と漏らす。

ＪＲ東海が運行する東海道新幹線は、分割民営化前の国鉄が建設。わずか5年余りで完成したのは、かつて東京―下関(山口県)間で構想され、戦時中に中断した「弾丸列車」計画で確保した用地や、工事着手していたトンネルが一部にあったからだとされる。

ＪＲ東海は新型車両の開発や品川駅新設による増発などで東海道新幹線の利便性を高めた。しかし営業線としてのリニアはもちろん、新幹線を整備したことはない。あるのは全長42・8キロの「山梨リニア実験線の経験」に限られる。

「ＪＲ東海にはトンネル工事の経験もほとんどない」。県内のリニア工事でかつて現場監督をしたというゼネコン社員は、ＪＲの経験不足が、相次ぐ事故にも影響した可能性を挙げる。現場に合わせた工事内容の変更が、コストとの兼ね合いで難しいと感じた。「工事の危険性を十分に認識していないから、事故が繰り返されるのではないか」

南アトンネル長野工区についてＪＲは21年12月、新たに26年度工事完了の工程表を示した。最難関の一つは、4年余りで無事終えられるか。「厳しいと思う」。県内のトンネル工事に関わる作業員の一人は、取材に即答した。

ＪＲ「原則　労災は発表せず」

22年4月15日午後6時50分。長野市南県町《みなみあがた》の信濃毎日新聞長野本社の編集局フロアにあるファクスが、前触れもなくＡ4判1枚の紙を吐き出した。「重傷労災事故の発生」。下伊那郡豊丘村の伊那山地トンネル坂島工区でこの日起きた事故を、報道機関に広報する県警本部からの文書だった。坂島工区では21年11月8日、22年3月8日と事故が続いていた。何が起き、どうなっているのか——。広報にあるのは事故の発生日時や場所、負傷者といった最低限の情報だけ。警察、ＪＲ東海、県、沿線自治体などへの取材が、慌ただしく動きだした。

取材の結果、作業員1人がトンネル内に鉄板を敷く作業中、左手の指2本を骨折したことが判明。事故を受け、ＪＲが掘削作業を中断したことも分かった。発生は正午過ぎ。ＪＲは電話取材には応じたものの、自ら記者会見や資料発表をすることはなかった。

坂島工区で3月に起きた2度目の事故も、明らかにしたのはＪＲではなかった。

定例記者会見で質問に答えるJR東海の金子社長．リニア工事で相次ぐ労災事故の発表には消極的な姿勢を続けている．2022年5月16日，名古屋市．

「本日18時00分から、県庁会見場において3月8日に発生したリニア伊那山地トンネル坂島工区での労災事故を踏まえた本県の対応について記者レク(レクチャー、説明)を行います」。報道機関の登録者向けに、県がメールを配信したのは事故翌日の9日午後5時のことだった。

2時間前。ＪＲ東海の金子慎社長は、名古屋市の本社で定例記者会見に臨んでいた。各地のリニア工事現場で死傷者が出る労災事故が相次ぎ、「対策の徹底に取り組む」と発言していた。しかし、前日に坂島工区で発生したばかりの事故には触れないまま、会見は既に終わっていた。

結果的に県が9日夕になって事故概要を公表したことについて、阿部守一長野県知事は10日の取材に「本来はJR東海が内容を公表すべきだ」と述べた。斉藤鉄夫国土交通相は16日の参院国土交通委員会で、「事故発生時の公表の在り方についても検討するよう指示をしている」と答弁した。

JR東海はなぜ事故の公表に消極的なのか。広報部は「労災事故は原則として発表していない」とする。ただ、21年10月に作業員2人が死傷した岐阜県中津川市の事故など一部は発表しており「労災の内容などを考慮して判断する」と説明。具体的には▽第三者を巻き込む結果を招いた場合、▽周囲への影響が大きい場合、▽一般の人が広く知り得る場合、▽心配をかけた場合——などを複合的に判断するという。

リニアの工事は身近な地域で進み、住民の関心は高い。にもかかわらず塀に囲まれ、地中を掘る現場の様子はうかがい知れない。そこで事故が相次いでいる。工事は安全に行われているのか。指の骨折の労災事故も発表しないのに、大事故や、水資源をはじめ環境に影響のある事態が起きた時、JRは明らかにするのか。住民には不安がある。

公表の在り方の検討を県知事に求められても、国交相に言われても、かたくなに見直さない企業姿勢。信濃毎日新聞の記者も繰り返し、社長会見で考えを尋ねている。5月16日の記者会見でも「労災の防止について企業としてしっかり取り組んでいくが、外に発表するということは性格が違うと考えている」と、金子社長の答えは変わらなかった。

リニア坂島工区の労災事故　伊那山地トンネルの坂島非常口(坑口)から、本線トンネル(本坑)につながる作業用トンネル(斜坑)内で3件発生。21年11月、掘削最先端の「切り羽」で作業員5人が火薬を仕込んでいたところ、掘削面から岩が落下する「肌落ち」が起きた。岩片が50代男性の右脚に当たり軽傷を負った。22年3月にはコンクリート吹き付け機による作業中に配管部品が外れ、飛び出したコンクリートが作業員の男性(44)の顔に、外れた配管部分が作業員の男性(36)の腹部にそれぞれ当たり、ともに軽傷。4月には鉄板を敷く作業中、重機の先に取り付けたつり具と鉄板の間に作業員の男性(40)が左手を挟まれ、中指と人さし指の骨を折るなどの重傷。

看板に「秘密情報　話さない」

約2時間半続いた集会の最後。会場で耳を傾けていた下伊那郡豊丘村議の壬生真由美さん(62)が、司会に促されてマイクを握った。リニアの工事で相次ぐ事故について思いを口にした。「JR東海の工事だけれど、工事をしているのは生身の人間。東北などから来て村内の宿舎で寝泊まりしている。(地域や村が工事について)チェックして安全を見守るのが本来の姿だ」

飯田市の飯田勤労者福祉センターで22年5月15日、県内外のリニア工事の問題を調べるジャーナリストらの報告集会があった。村議1期目の壬生さんは、以前からリニア建設に伴う生活や環境への影響に関心を寄せてきた。トンネル工事で出る残土の処理の問題などを議会でも取り上げてきた。

豊丘村にある伊那山地トンネル坂島工区では、この半年間に3件の事故が起きた。21年11月に掘削面が崩落して作業員1人が軽傷を負った事故は、JR東海が発表して知った。一方、22年3月に2人が軽傷を負った事故、4月に1人が重傷だった事故はともにＪＲが発表せず、県や県警が明らかにした。ＪＲは事故発生を村役場には連絡していたが、村議の壬生さんにさえ伝わってこなかった。

壬生さんは東京の出身。都内で造園の設計の仕事に携わり、青年海外協力隊員としてマレーシアでも緑地整備などを手がけた。結婚して夫の実家がある豊丘村へ。30年近く暮らし、リニアをめぐる問題で「村民同士の対話を進めたい」と19年の村議選に無所属で立候補した。定数割れが懸念された中、出馬を決めたのは告示前日だった。

坂島工区の作業員宿舎は、壬生さんの自宅から車で数分の距離だが、作業員と地元住民の接点はほとんどない。身近な場所で進む工事が安全に行われているのか、「住民は知る必要がある」と思う。

ここには自分たちの暮らしがある。残土置き場は大雨で崩れないか、トンネル工事で水は枯れないか。さまざまな心配が浮かんだ。仲間の女性らとリニア実験線のある山梨県を視察し、報告書をまとめて村内で配った。ＪＲの説明は表面的で、質問しなければ詳しく分からないと感じた。

工事もそうだ。何が危険で、どんな大変さがあるのか住民が知り、地域で暮らす作業員と顔の見える付き合いをする。そこで初めて「住民の安心感が生まれるのではないか」と壬生さんは考える。

「秘密情報に関して　■人に話さない　■写真を流さない　■資料を持ち帰らない」

坂島工区の作業員宿舎の出入り口。工事を請け負う共同企業体（ＪＶ）が作業員向けにこんな看板を立てている。

壬生さんは外出の前後、毎日のように看板が目に入る。宿舎内でなく敷地の出入り口にあるため、まるでリニアの工事に関することはすべて秘密で、工事関係者に聞いてはいけない——と思わされている気がする。リニアのことは口にしてはいけないという雰囲気が住民の間で広がらないか、議論するのも拒む空気につながらないか——とも心配する。

看板の「秘密情報」とは何を指すのか。JVの事務所に取材した。担当者は「何をと言われても……。特に深い意味はありません」。看板がJRの指示なのか、JVの考えかも、はっきりしなかった。

坂島工区の作業員宿舎出入り口にある看板．秘密情報とは何か，取材にJVの担当者は「深い意味はありません」と答えた．2022年5月24日，豊丘村神稲．

公共事業の流れは民意重視へ

湿り気のある空気。トンネルの壁や天井にコンクリートを吹き付ける重機の作業音が、ゴウン、ゴウンと響く。坑口から2・4キロ余り入った掘削の最先端は煌々《こうこう》とライトで照らされ、漂う粉じんでわずかにかすんで見えた。

飯田市と浜松市の境で工事が進む三遠南信道「青崩《あおくずれ》峠トンネル」(仮称、約5キロ)。22年5月18日、国土交通省飯田国道事務所(飯田市)が一般住民を対象にした見学会を開いた。

「今は2次吹き付けコンクリートの作業をしています」。長野県側からの掘削を担う準大手ゼネコン、五洋建設(東京)の青木英一工事所長(51)が、ヘルメットと防じんマスクを着けた県内外の参加者7人に声を張った。

現場は九州から関東まで続く大断層「中央構造線」の西側。もろい岩盤の断層が複雑に交差する。山岳地帯を貫き、幾つもの活断層を横切るリニア中央新幹線と同様の難工事だ。青木所長は専門用語を分かりやすく言い換えつつ説明した。「朝から爆薬で発破し、『ずり』(と呼ばれる)、掘削した土を外に出して……」

青崩峠トンネルは19年3月に本坑工事に着手。見学会は約2年後の21年5月から月1回程度開き、これまでに延べ約300人が参加した。飯田市北方の新井雄三さん(73)は、趣味の俳句の題材にしようと申し込んだ。「トンネルの中で俳句を詠む機会なんてないから」。視察の自治体職員や社会科見学の小学生が来ることもあるという。

見学の受け入れには、安全を図るための人手の確保や、工程の調整といった手間がかかる。施工業者にとっては、技術情報が外部に漏れる可能性もないわけではない。

それでも頻繁に見学会を開くのはなぜか。飯田国道事務所の市川英敏副所長(58)は答えた。「『国交省が勝手に造った』と見られてはかなわない。完成後も補修が必要で地域に迷惑がかかることもある。いかに丁寧に説明し、理解を得るかが大切だ」

ダムや道路をはじめ大型公共事業は2000年前後から、在り方を問い直す動きが活発化した。費用対効果や必要性の面から「無駄な公共事業」の見直しが相次ぎ、計画段階から住民参加を取り入れるなど、民意を重視する方向に向かった。「住民の理解」は公共事業に不可欠となった。

1時間余りの見学会の後。「山って収縮するのね」と参加した女性は話した。質疑では、掘った後に地圧がかかる岩盤を安定させる工法も説明していた。女性の言葉には作業員への共感がにじんでいた。

国道のトンネルが税金で造られるのに対し、リニア中央新幹線の建設費はＪＲ東海が全額自己負担する。とはいえ、全国新幹線鉄道整備法(全幹法)に基づく事業で、政府は財政投融資の３兆円を低利で貸し付けている。本線や駅の用地交渉も自治体が担っている。公共性の高い事業だ。

「工事の安全や工程に支障があるため、工事現場の視察は基本的にお受けしていません」。ＪＲ東海はホームページに記載する。ＪＲにトンネル取材を依頼しても受け入れられないので、県内工区のある共同企業体(ＪＶ)に尋ねたところ、担当者は、技術情報が漏れないよう工夫しながら見学してもらうことは可能だとしつつ、こう言った。「窓口はすべてＪＲさんなので」

中部地方整備局の県内工事見学会　国土交通省の出先機関で飯田国道事務所(飯田市)の上部組織に当たる中部地方整備局(名古屋市)は、「旬な現場」と銘打って工事現場やダム内部などを公開。社会資本の役割について住民の理解を促し、建設業の担い手の裾野拡大にもつなげる狙いで、原則平日に実施している。県内では22年５月現在、三遠南信道の青崩峠トンネルと飯喬《いいだか》道路(飯田市―下伊那郡喬木村)の他、天竜川水系の黒川渓流保全工(伊那市)、美和ダム(同)、小渋ダム(同郡松川町・上伊那郡中川村境)など８カ所で見学を受け入れていた。見学できる場所は年４回、中部地整のホームページで更新している。

「作業員A」。21年10月27日、瀬戸トンネル工事現場で岩の下敷きになって命を落とした作業員の小板孝幸さんは、JR東海が翌日に発表した資料、21年12月にまとめた報告書でそう書かれていた。

取材班の記者には違和感があった。小板さんは記号ではない。作業員それぞれに人生があり家族がある。どんな人で、どんな環境で働いていたのか。思いや背景を知ることで命の重みを確かめ、再発防止の一助につなげたい。少ない情報から取材を始めた。

小板さんが以前勤めた会社に親しかった人がいると聞き、その会社が請け負う工事の現場事務所がある岐阜県へ向かったところ、既に退職していた。別の県に暮らすと知って訪ね歩いた。小板さんは北海道出身だという話だけを頼りに実家を探した。リニアのトンネル工事現場で働く人たちは作業員宿舎に暮らすため接触が難しく、取材には「箝口令」が出ていた。

小板さんの実家は北海道函館市にあった。両親から思い出を聞くうち、記者は涙があふれた。父親は、事故から1カ月も経たないうちに豊丘村の伊那山地トンネル坂島工区で崩落事故が起きたことを知っていた。「同じような事故。本当に事故を検証しているんだろうか」

JRや工事を請け負う共同企業体(JV)は、小板さんが犠牲になった事故の報告書を遺族には説明しておらず、事故後に中断していた工事が5月13日に再開したことも遺族は知らなかった。

JR東海に複数ある労働組合の一つで、リニア計画に反対するJR東海労は21年10月の事故翌日、労使間の協議の場で黙禱を提案したが、会社側で出席した本社の課長らは時間がないとして拒んだという。ＪＲ東海広報部に事実か確認したところ、「回答を控える」とされた。

同じ事故の翌日、信濃毎日新聞の記者は県内のリニア沿線首長に事故の受け止めを聞いた。ある首長は「安全に進めてほしいが、絶対の安全はない」と言い、別の首長は「安全を再確認し工事を再開してほしい」などと話した。

工期や時間が優先。「国策民営」事業の陰で、人の命が軽んじられていないか。記者たちは何度もそう感じた。

南アルプスを貫くトンネルの掘削が続く大鹿村。釜沢自治会長の遠野ミドリさんは「自分の地域で工事の犠牲者が出てほしくない」と強調する。工事は安全か、トンネル内で湧水の流出がないかを、自分の目で見て知りたいと訴える。

今の時代、トンネルをはじめ、公共事業の現場見学会は各地で開かれている。一方、リニアのトンネルの外から写真を撮った遠野さんは、インターネット上に掲載しないようＪＲ社員に言われた。作業員宿舎の出入り口には「秘密情報に関して　人に話さない」と看板が立っている。

国策の下の秘密主義。内部をオープンにせず、労災事故は「原則発表しない」。まるで太平洋戦争末期、本土決戦に備えて軍や政府の中枢を移そうと、長野市松代《まつしろ》地区に掘られた松代大本営地下壕のようだ。現代の公共事業は、住民の理解がなければ進まない。

（佐藤勝、青木信之、小内翔一）

（２０２２年５月23日〜６月１日＝全10回）

「暗中掘削」その後

２０２２年9月8日未明、豊丘村の伊那山地トンネル戸中・壬生沢工区で、建設作業員の男性(55)が後退してきた重機に左脚をひかれ骨折する事故が発生。飯田署が発表し、同署や飯田広域消防本部が取材に応じた。一方、ＪＲ東海広報部は「回答を差し控える」とし、事故の発生自体は認めたものの、状況や原因については質問に一切答えなかった。

長野県は同日、ＪＲに対し、情報を積極的に開示することが住民との信頼関係構築に不可欠だとする考えを改めて伝えた。事故後に中断した工事は10月24日に再開。ＪＲは26日に開いた豊丘村リニア対策委員会の場で、事故の原因と対策を説明した。

ＪＲは9月2日、大鹿村で掘削しているリニア南アルプストンネル長野工区(大鹿村—静岡市、8・4キロ)の内部を報道機関に初めて公開した。伊那山地トンネル坂島工区の作業員宿舎出入り口にあった「秘密情報に関して　人に話さない」などと書かれた看板は連載の報道後まもなく撤去されたのか、外部からは見えなくなった。

第6部

電力依存

リニアへの電力供給に向け，大鹿村に建てられた送電専用の鉄塔．
南アルプス赤石岳(奥)を望む村の景観が変わる場所もある．
2022年6月4日．

2022年3月、東北地方を中心に起きた地震で一部の発電所が停止。東京電力と東北電力の管内では、電力需給が11年の東日本大震災以来の逼迫に陥った。その震災の2カ月後、リニア中央新幹線の整備計画は当時、電力の問題がほとんど議論されないまま決定された経緯がある。気候変動対策の重要性が増し、電力不足の懸念が続くなど社会を取り巻く環境が変わった今。第6部は、リニアと電力について改めて見つめ直す。

東京—大阪「原発１基分」の電力消費

南北に延びる伊那谷から、東の伊那山地を挟んで下伊那郡大鹿村へ。高さ最大80メートルほどの鉄塔が１基、また１基と建てられていく。リニア中央新幹線に電力を供給する送電線整備のためだ。

「静かな環境で育った牛なのが大事なんだけれど」。大鹿村青木地区で肉牛約60頭を飼育する青木連さん(33)は２０２２年5月下旬、数百メートル先で鉄塔の準備工事が進む場所を横目に、空を見上げた。山中の建設現場へ資機材を運ぶヘリコプターも、間もなく飛ぶ。

肉牛の一部は24カ月まで育て、兵庫県の取引先へ出荷する。牛にとってストレスのない、村のきれいな空気、水、静けさといった飼育環境が信頼されてきた。工事の影響が出ないか心配する。

自宅と牛舎の上には青木川をまたぐ送電線も架かる。「子どもの頃から見てきた大好きな風景なんだ」。村内では南アルプス赤石岳(３１２１メートル)の眺望を、送電線が横切る形になる場所もある。

リニア路線の東京・品川—名古屋間２８６キロで、ＪＲ東海は約20〜40キロごとに計14カ所の変電所を設ける。電力会社から供給された電力は、電圧や周波数を変電所で変換し、軌道に当たる「ガイドウェイ」に取り付ける「推進コイル」へと送る。周波数を変えてＮ極とＳ極の切り替え速度を調整し、列車速度を制御する。

ＪＲが長野県内に設ける変電所は大鹿村の小渋川変電所と下伊那郡豊丘村の豊丘変電所。伊那谷を南北に走る50万ボルトの高圧送電線「南信幹線」から分岐し、中部電力パワーグリッド(名古屋市)が豊丘村に新設する下伊那変電所から15万4000ボルトの送電線を、JR変電所へと延ばす。

新設する送電線は長さ計15キロ余。一帯には42基の鉄塔が新たに立つ。両村境の大西山(1741メートル)では、鉄塔工事で迂回が必要になった登山道もある。リニア本体の工事と違い、法律や条例に基づく環境影響評価(アセスメント)の対象にもならなかった。

これだけの送電設備が必要になるリニアは、どれほど電力を使うのか。11年に国の交通政策審議会の中央新幹線小委員会で示されたデータがある。ピーク時の消費電力が品川—名古屋間開業時、1時間当たり片道5本運行する想定で約27万キロワット、大阪まで開業すると片道8本運行の想定で約74万キロワット。大阪開業時の数字は、事故が起きた東京電力福島第1原発の2~5号機の出力(1基78万キロワット)とほぼ同じだ。

これ以外にJR東海が示す消費電力に関する数字はほとんどない。リニアを共同開発してきた鉄道総合技術研究所(東京)は06年の編著『ここまで来た! 超電導リニアモーターカー』で消費電力が東海道新幹線の約3倍としたが、JR東海広報部は現在「公表資料はない」と説明。エネルギー消費量は「速度域の近い航空機と比較すべきだ」とし、新幹線との比較自体を避けている。

武蔵野大学の阿部修治特任教授(67、材料科学)は13年、リニア1列車の消費電力が新幹線の4・5倍に上ると試算し、月刊誌『科学』に発表した。国が絡んだリニアの研究段階ではデータや論文が公表された一方、ＪＲ東海が営業・建設主体に決まった後は「企業秘密の壁」があり、情報が出てこない難しさがあったという。

企業が開発を担っていても、リニアは極めて公共性の高い事業だと阿部特任教授は指摘する。「消費電力についても市民がチェックできるプロセスがあるべきだ」

リニア整備に伴う下伊那郡での送電線工事　中部電力（名古屋市）傘下の送配電事業会社「中部電力パワーグリッド」（同）が24年度完成を目指し、19年度に工事開始。下伊那郡豊丘村では南信幹線と下伊那変電所（新設）を結ぶ下伊那分岐線０・３キロ（鉄塔２基）、下伊那変電所とＪＲ東海の豊丘変電所（新設）を結ぶ東海鉄道豊丘線３・８キロ（鉄塔10基）を整備。豊丘村から同郡大鹿村にかけては下伊那変電所とＪＲ東海の小渋川変電所（新設）を結ぶ東海鉄道小渋川線11・３キロ（鉄塔30基）を設ける。山中の工事では資機材の運搬などにヘリコプターや仮設のモノレールを使う。

運行には原発が必要？

パチパチパチパチ……。東京駅に隣接するビルの４階。記者20人ほどが長机の前に１人ずつ座り、パソコンのキーボードをたたく音が続いていた。

「消費電力については、電力会社の供給力の範囲内で十分賄えると考えている」。22年５月27日、ＪＲ東海の金子慎社長は記者会見で、リニア中央新幹線の消費電力をめぐる取材班の記者の質問に胸を張った。

ＪＲによると、22年夏の電力の供給力見込みは東京電力エリアが５９１４万キロワット、中部電力エリアが２７０６万キロワット、関西電力エリアが２７３０万キロワット。リニアのピーク時消費電力は東京・品川―名古屋間開業時が約27万キロワット、大阪までの開業時が約74万キロワットで、供給規模に比べ小さいとする。

ただ、名古屋開業時の消費電力約27万キロワットについて14年6月、ＪＲがまとめた環境影響評価（アセスメント）書に対する環境相意見は、釘を刺した。「あらゆる政策手段を講じて地球温暖化対策に取り組んでいる状況下、これほどのエネルギー需要が増加することは看過できない」

実現は難しいがＪＲは名古屋までの27年開業、37年の大阪開業を目指してきた。電力をどう賄うのか。大阪開業時に供給区間が最も長くなる中部電力（名古屋市）は取材に、「需要規模にかかわらず顧客の申し込みに対して適切に供給設備を構築する」と説明。詳細は明らかにしていない。

一方、21年11月に作った長期経営指針「経営ビジョン２・０」では、30年に供給する電力の発電方法の組み合わせを方向性として示した。脱炭素社会の実現に向け、太陽光など再生可能エネルギーを拡大するほか「浜岡原発を含む原子力の最大限の活用」を明記。新規制基準への適合審査が続く浜岡原発３、４号機の再稼働に取り組むとした。

50年には石油やガスなどを含むエネルギー消費全体は減るものの、電気自動車の普及など「電化」が進み、電力需要は2割ほど増えると想定。火力発電を減らして再生可能エネルギーを約5割に増やし、約2割は原子力を見込む。

リニア運行には原発が必要なのか。中電は「特定の需要に対する供給を目的に、浜岡原発の再稼働が必要と考えているわけではない」と説明。「特定の電源や燃料に過度に依存しないバランスの取れた供給体制の構築が重要」とし、政府が示す50年の温室効果ガス排出実質ゼロの目標達成にも原子力が必要とする。

11年の東電福島第1原発事故で、原発の安全性は揺らいだ。当時運転中だった54基のうち再稼働したのは10基。世論は厳しい。22年5月には再稼働審査中の北海道電力泊原発1～3号機の周辺住民らが運転差し止めなどを求めた訴訟で、札幌地裁が差し止めを命じた。

一方、島根県の丸山達也知事(元飯田市副市長)は6月、中国電力島根原発2号機の再稼働に同意。国内の電力不足、ロシアのウクライナ侵攻後の資源高騰もあり、原発をめぐる議論はせめぎ合う。

JR東海の金子社長はどう考えるのか、会見で尋ねると「必要とする電力はこれだけだと申し上げ、電力会社が計画を立てている。どういう形態で賄うかは私たちが直接関与する問題ではない」と答えた。

時速500キロの速さの代償に、多くの電力を使うリニア。その見通しを示すのは電力会社だけの責任だろうか。

浜岡原発　静岡県御前崎市にある中部電力唯一の原発。1～4号機は沸騰水型炉、5号機は改良型沸騰水型炉。1、2号機は09年に運転を終了して廃炉作業中で、3～5号機は東京電力福島第1原発事故後の11年5月、菅直人首相（当時）の要請で停止した。中電は3、4号機の再稼働に向けて14〜15年に新規制基準への適合審査を申請し、原子力規制委員会による審査が続いている。規制委は、南海トラフ巨大地震で押し寄せる津波の想定をより厳しい条件で試算するよう求め、中電は最大22・7メートルとの想定を提示。既設の防潮堤を70センチ上回るため防潮堤のかさ上げなどの対応が必要になる可能性がある。

自前の発電所がないJR東海

信州に源を発する千曲川が県境を越えて北へと流れ、遠く南の東京で通勤ラッシュのJR山手線を支えている。新潟県十日町市で取水し、市内と同県小千谷市の施設で電気を起こすJR東日本の信濃川発電所。22年5月下旬、新緑に囲まれた十日町市の宮中《みやなか》取水ダムでは、発電に使う以外の水が勢いよく放流されていた。

総出力は44・9万キロワット。電力は首都圏へ送られ、在来線や東北・上越新幹線の運行に使われる。JR東日本は川崎市に置く総出力80・9万キロワットの火力発電所と合わせ、消費電力の約6割を自前の発電で賄う。ともに昭和初期に発電を始め、国鉄の分割民営化後はJR東日本が引き継ぎ設備を増強した。

JR東日本は近年、グループ会社のJR東日本エネルギー開発と共に太陽光や風力による発電を進める。50年度までに鉄道事業で使うエネルギーの5〜6割を、信濃川発電所の水力を含む再生可能エネルギーで賄うのが目標だ。

鉄道会社が、再エネを中心に自前の発電を広げる意義は何か。ＪＲ東日本は「多くのエネルギーを使用する鉄道事業者として、長期的に二酸化炭素（ＣＯ２）の排出量を削減することは使命だ」と答えた。

東海道新幹線を運行し、リニア中央新幹線を建設するＪＲ東海に自前の発電所はなく、新設の予定もない。電力供給は電力会社に任せる方針だ。リニアの使用電力が「電力会社の供給力の範囲内で十分賄える」ためという。

温室効果ガス削減の重要性はＪＲ東海も意識する。ただ、ＪＲ東海が排出するＣＯ２の95％は「電力使用に伴う間接排出」（広報部）。発電所を持たない鉄道会社にできることは、車両や設備の省エネルギー化などに限られる。

ＪＲ東海は詳しい情報を明らかにしていないものの、リニアは時速５００キロのスピードと引き換えに新幹線に比べて多くの電力が必要になる。改良を重ねた東海道新幹線と同様に、リニアも車両の軽量化や形状の改良を図ると説明。「最新の知見を最大限に取り入れ、省エネ化の取り組みを継続していく」とする。

一方でＪＲ東海は、リニアが東京―大阪間を航空機並みの最短67分で結び、乗客１人当たりのＣＯ２排出量は航空機の約３分の１だと強調。電力で走るリニアと、化石燃料で飛ぶ航空機を比べることで理解を得ようとアピールする。

５月に都内で開いた記者会見でも金子慎社長は言った。「航空機より高い機能をより省エネルギーで提供できるリニアの技術によって、総体としては環境負荷を抑えながら社会への便益を実現できる」

鉄道会社が発電所を持つかどうかはそれぞれの経営判断だ。電力会社から電力が安定供給されていれば、鉄道事業に経営資源を集中する方が効率的だといえる。ただ、災害や供給体制の問題で電力不足が生じると、発電所がないことは「アキレス腱」にもなる。

東日本大震災後の電力供給不足で迎えた11年夏、JR東日本は国の電力使用制限令に基づき、首都圏の在来線で運転本数を減らす「節電ダイヤ」を実施。自前の電力は東京電力に融通した。今年(22年)の夏と冬には再び電力不足が予想され、ロシアによるウクライナ侵攻の影響でエネルギー不足への懸念も強まる。

自前の発電所がなく、消費電力も大きいリニアは「電力会社頼み」の面を強くはらむ。

JR東日本信濃川発電所　新潟県にある千手《せんじゅ》発電所(出力12万キロワット、十日町市)、小千谷発電所(12・3万キロワット、小千谷市)、小千谷第2発電所(20・6万キロワット、同)などの総称。宮中取水ダム(十日町市)でせき止めた信濃川から取水して利用する。朝夕の通勤ラッシュ時の需要に対応するため、調整池を設けて発電量を制御。1939(昭和14)年に最も早く運転を始めた千手発電所は、土木学会の「選奨土木遺産」に選ばれている。許可された量より多く水を取った違法取水が判明し、2009年に水利権を一時取り消され、10年に運転を再開した。

南海トラフ後、運行は…

深夜、眠っていた人も多かったことだろう。22年3月16日午後11時36分、宮城県と福島県で震度6強を観測する地震があった。東北新幹線は福島―白石蔵王間で下り列車が脱線。全線で運転を再開するまでに約1カ月かかった。

この地震で、東京電力や東北電力の管内に電力を送る一部の発電所も停止。そこに気温の低下が重なる。経済産業省は21日に東京電力管内に、22日には東北電力管内に電力需給逼迫警報を出した。

東北新幹線の長期不通や電力逼迫は、11年の東日本大震災を思い出させた。国土交通省は5月、JR各社に新幹線の耐震工事を前倒しするよう要請する方向で技術面などの検討を始めると表明。各方面で地震対策が進む。

JR東海もリニア中央新幹線計画の地震対策の意義を強調する。ホームページでは、南海トラフ巨大地震で東海道新幹線が被災し「日本の大動脈輸送としての役割を十分に果たすことができないことも想定」されると指摘。「リニア中央新幹線がその役目をサポートします」とうたう。

ただ、それは電力が無事に供給されることが前提だ。

リニアが大阪まで開業すると、電力供給区間が最も長くなる中部電力(名古屋市)。中電グループの供給電力の7割は火力発電が占める。中電出資の発電会社JERA(ジェラ)の中電管内に電力を送る火力発電所のうち、上越(新潟県上越市)を除く9カ所は伊勢湾周辺に立地する。内閣府の資料によると、立地市町村は南海トラフ地震で最大震度6強から7が想定される。

中電が18年、愛知県南部の岡崎市、幸田町《こうたちょう》の災害医療対策の会議で示した南海トラフ地震に対する取り組みの資料に、こんな記述がある。

「伊勢湾周辺の火力発電所もある程度の被災は避けられず、被災した発電設備の復旧には1カ月程度を要することを想定しておく必要がある」「この間は、他社からの(電力の)応援融通を考慮しても管内の需給に一定のギャップが生じる」

電力消費の多い夏や冬であればピーク時間帯を中心とする需要の抑制、春や秋でも東日本大震災の時と同じ程度の節電が必要だとした。中電は震災の後、耐震性強化など防災の設備投資に約1000億円を支出した。それでも18年に示した状況は現在も変わらない。

電力各社の間で、余裕のある地域から不足する地域へ電力を融通する環境も十分ではない。背景にはかつて各地域の電力供給を独占していた大手各社が、それぞれ送電線整備を進めてきた経過がある。周波数も東日本が50ヘルツ、長野県内の大半を含む西日本が60ヘルツと異なっており、変換が必要だ。21年3月、東筑摩郡朝日村と岐阜県高山市の設備を直流送電線で結ぶ飛驒信濃周波数変換設備が運用を開始。東西間の融通能力は210万キロワットに拡大した。27年度を目標に東西間で90万キロワットを増強する工事も進んでいる。それでも中電傘下の送配電事業会社、中部電力パワーグリッド(名古屋市)は「電力不足が東日本大震災時を上回るほど悪化した場合は、増強後も節電や計画停電は生じ得る」とする。

巨大地震後、リニアは本当に走れるのか。JR東海広報部は「節電の呼びかけはあるだろうが、交通インフラすべてが止まるわけではない。電力融通もある」と答えた。

南海トラフ巨大地震　東海沖から九州沖の海底に延びる溝状の地形（トラフ）に沿って発生する地震。東海、東南海、南海の３つの震源域が連動すると、地震の規模を示すマグニチュード（M）は９クラスに達し、静岡県から宮崎県にかけての一部で震度７の強い揺れの恐れがある。周辺の広い地域でも震度６強から６弱が想定されるほか、津波も各地で10メートルを超える高さが見込まれ、最大予測は30メートル超。死者は最大30万人以上と推計される。おおむね１００～１５０年間隔で繰り返し発生し、前回の地震発生（１９４４年の昭和東南海地震および46年の昭和南海地震）から70年以上が経過した。政府の地震調査委員会は、M８～９級の巨大地震が40年以内に起こる確率を90％程度としている。

オンライン普及で需要減？

白いイヤホンを耳に着け、カジュアルなジャケット姿の男性がパソコン画面に向き合う。脇のついたてには「ただいまオンライン中」の札。男性は画面の向こうに言った。「安全第一ですからね」

下伊那郡高森町下市田にある菓子製造・販売のマツザワの本社。製造の不具合や改善策を話し合う週1回のオンライン会議で、取締役の森本康雄さん(52)は22年6月2日、和菓子を製造する埼玉県加《か》須《ぞ》市の工場の工場長や品質管理の責任者ら6人とやりとりした。

以前、同じ会議は月1回、都内にある事務所に集まっていた。オンライン化は20年からの新型コロナウイルスの流行がきっかけだ。「現場を見る必要性が低い打ち合わせなら、オンラインが便利」

森本さんは品質管理やマーケティングを担当する。コロナ前は商談や催事の物販で国内外を飛び回り、飯田市の自宅に帰るのは「月に数日」だった。今は逆に泊まりがけの県外出張が月に１、２回だ。

新型コロナの流行で鉄道は大きな打撃を受けた。東海道新幹線も20年度の利用実績はコロナ前の18年度と比べて32%に減少。21年度も18年度比で44%だった。JR東海は21年4月、7兆400億円に膨らむとしたリニア東京・品川―名古屋間の工事費確保に絡め、運輸収入が段階的に回復して28年度までに18年度水準に戻る、との見方を示した。

見込み通りに進むかは未知数な面がある。コロナ後に在宅勤務やオンライン会議が普及。費用をかけて出張する代わりにオンラインで済ませる流れが、ビジネスの場に定着する可能性もあるからだ。

通常の新幹線より多く電力を消費するリニアに、それに見合った需要はあるのか。JR東海は10年、収入想定から換算した輸送量を示した。輸送人数と移動距離をかけた輸送規模の指標「輸送人《じん》キロ」は、リニアの東京―大阪間開業時に東海道新幹線を合わせて529億人キロになると換算。複数あるJRや国の需要想定では最も手堅い数字で、16年度の東海道新幹線だけの輸送実績とほぼ同じだった。

飯田市上郷飯沼・座光寺で着工したリニア県内駅についてもJRは09年、1日当たり乗降者数が約7000人との推計を公表した。県は13年に約6800人、市も15年に約6900人と見込んだ。

北陸新幹線（長野経由）でコロナ前の18年度、各駅からの乗車人員を見ると、長野が1日平均7659人だった。同じ人数が降りたと仮定すると乗降者数は1万5318人。避暑地として知られる軽井沢は1日平均4013人、2倍で8026人となる。リニア県内駅は軽井沢より1000人ほど少ない推計だ。

ただ、リニア県内駅の推計はコロナ前のこと。流行後の20年度、長野の乗車人員は3350人（2

倍で６７００人）、軽井沢は１９１１人（同３８２２人）だった。

リニア県内駅予定地はマツザワ本社から車で５分ほど。当初、森本さんは「出張が楽になる」と期待したが、オンライン会議が日常になった今は、出張は以前の頻度には戻らないだろうと考える。一方で品質管理上の重大案件が発生し、埼玉県の工場に駆けつける場合などは「リニアは武器になる」とも思う。

変化にどう対応するか。ＪＲも県も市も、コロナ後の新たな推計は示していない。

リニア長野県駅（仮称）の乗降者数推計　ＪＲ東海は09年、リニア工事費などの試算結果に対し県から寄せられた疑問点に回答する形で、１日当たり約７０００人との予測を公表。当時はルートや駅位置が定まっておらず、飯田市付近への設置とＪＲ飯田線への接続を前提とした。県は13年、県新総合交通ビジョンに同６８００人との予測を盛り込んだ。国土交通省の全国幹線旅客純流動調査を基に、将来の人口減少や交通量予測のモデル式を使って推計した。飯田市は15年、リニア駅周辺整備基本構想で同６９００人との推計を提示。その上でＪＲや県の推計を踏まえ、駐車場などの規模を検討する土台として６８００人を採用するとした。市は県と同じ調査を基に将来の人口減少を反映させ、住民らへの利用意向調査結果を踏まえたという。

〔歩いた記者は〕――多大な電力消費は見合うのか

リニアと電力の関係について取り上げてほしい――。連載「土の声を」の取材班に、読者からこうした声がたびたび届いた。脱炭素が地球の課題になり、脱原発と原発復権の議論がせめぎ合う中、リニアのエネルギー消費への関心は高かった。

連載の取材はこれまでリニア計画の現場を歩き、住民の声に耳を傾けてきた。第6部の取材は鉄道会社と電力会社が中心で直接取材はJR東海の社長会見などに限られ、多くは各社の広報部署を通じメールで質問を送るよう求められた。メールの回答を見て、意味や意図の確認を重ねた。

リニアの消費電力をめぐり、JR東海が公表する情報は少なかった。自社の東海道新幹線との消費電力の比較も「ない」との説明。エネルギー消費を航空機としか比べないのでは、都合の良い情報しか出していないように見える。

エネルギー効率に優れた通常の新幹線では駄目なのか。22年5月下旬、金子慎社長に記者会見で質問したところ、「便益(得られる価値)が大きく違う」と切り捨てられた。しかし、電力供給の不安が続く時代に、リニアの電力消費は改めて議論すべき問題だと思う。

リニアを走らせるには原発が必要なのか。これも読者の疑問点だった。取材すると、JR東海は電力供給を電力会社に委ね、電力会社は「原子力の最大限の活用」を目指していた。リニアの運行が原発の必要性に直接結び付くか、「一対一」の関係ははっきりしない。金子社長は「どう供給するかは直接関与する問題ではない」と言う。電力消費の大きい乗り物を造る企業の責任として、電力の供給源に無頓着なのはどうなのか。

JRの災害時の想定も十分練られているか疑問だ。40年以内に起こる確率が90%程度とされる南海トラフ巨大地震。中部電力は電力供給の主力の火力発電所が被災し、1カ月程度はピーク時間帯の需要抑制や東日本大震災並みの節電が必要と想定していた。

巨大地震の際、リニアが東海道新幹線の役割を代替するとＪＲは強調してきたはずだ。ＪＲ東海広報部は「交通インフラすべてが止まるわけではない。電力融通もある」としたが、それで済むだろうか。

リニアの大きな電力消費に見合った需要があるかは、新型コロナウイルス流行に伴う社会の変化も踏まえて考えるべきだ。この間、在宅勤務やオンライン会議が拡大した。この流れが定着し、運輸需要に影響するかは見方が分かれる。

ＪＲ東海は21年４月、新型コロナの影響で落ち込んだ運輸収入は段階的に回復し、28年度までに感染拡大前の水準に戻ると想定した。一方、ＪＲ東日本の深沢祐二社長は20年９月の記者会見で「コロナ収束後も鉄道需要が元に戻ることはない」と述べた。

飯田下伊那地方で複数の企業に取材した。出張の減った企業が目立ち、産業用ロボット向けのブレーキ製造などを手がける協和精工（下伊那郡高森町）もその一つ。「コロナ後のビジネスは、オンラインと対面のハイブリッド（混合）になる」。橋場浩之社長（53）はそう見通した。

今後の運輸需要は観光とビジネスでも異なるだろう。リニアの需要予測は県内駅周辺整備を考える土台にもなる。無駄な乗り物にならないか、過大な周辺開発にならないか。コロナ後を見据えた需要の見直しは欠かせない。

（前野聡美、青木信之）

（２０２２年６月７～12日＝全６回）

「電力依存」その後

2022年はロシアのウクライナ侵攻を背景に、資源価格の高騰と安定調達への懸念が続いた。政府は11月、全国の家庭や企業を対象とした冬季の節電要請を正式決定。15年度以来7年ぶりの全国規模の要請となった。岸田文雄首相は参院選後の8月、原発新増設を検討する方針を表明した。

一方、リニアの消費電力について大きな議論は起きていない。山梨リニア実験線で10月に行われた報道機関向け試乗会で配布されたパンフレットにも、リニアの消費電力は「電力会社の供給余力の範囲内で十分賄えるものと考えています」と書かれていた。

リニアに電力を供給する送電線の鉄塔工事が進む大鹿村では9月以降、ヘリコプターによる山中への資機材運搬が本格化した。住民から騒音被害を訴える声が出た。飛行は月に10日ほどで、飛行回数は1日当たり最大40回に上る。

騒音規制法はヘリを含めた航空機には適用されない。騒音被害を訴えた住民の中には、工事を担う中部電力パワーグリッド（名古屋市）から耳栓と防音用のヘッドホンを渡された人もいる。ある住民は憤った。「これで我慢しろということか」

第7部

事業再考

段丘の上に広がる飯田市上郷黒田の一帯.
リニアはJR飯田線(手前)の下からトンネルに入り,
住宅街の下を抜ける.
2022年6月16日(地権者らの承諾を得て小型無人機で撮影).

リニア中央新幹線は、信州に、地方に何をもたらすのか。期待の声の一方で、見えてきたのは説明や理解といった手続きが軽視され、大都市への恩恵や効率が優先される計画の姿だった。トンネル工事で出る大量の残土に象徴される多くの課題について、解決のめどが立たないまま進む実像だった。

ＪＲ東海が目指す２０２７年の東京・品川―名古屋間の開業は難しくなっている。それは工事による水資源への影響を懸念する静岡県とＪＲとの対立だけが理由ではなく、計画の抱える問題の多さの表れだ。このまま進めてよいのか。いったん立ち止まって考えるべきではないのか。第７部は、改めて考えるべき観点を示したい。

「土の声を」、聞いてほしい。

一、地域の理解は得られているか

ジャージー姿で下校する中学生。Ｔシャツを着た年配の男性は犬の散歩中、女性と立ち話をしていた。新しい住宅と古い家が交じり、水路脇にアジサイに似た白い花が咲く。２０２２年６月16日夕、飯田市上郷黒田の住宅街を歩いた。

かつての田畑が宅地化されたという一帯。この住宅街の地下に、リニア中央新幹線の風越山トンネル(5・6キロ)を造る計画が進んでいる。

ＪＲ東海が公表するルートのほぼ真上の民家を訪ねた。看護師の丸山直子さん(64)は、リニアができれば東京や名古屋への往来が便利になると思う。でも心に引っかかる。工事中に陥没は起きないか、開通後に震動の影響はないか。「引っ越そうかなって、頭をよぎることもあるんです。だけど補償もなしに引っ越すのは現実的じゃない」

ＪＲは作業場を整備した上で、25年度以降にトンネル掘削を始める予定を示す。しかし、まだ地区役員に概要を説明したところで、丸山さんは地下をリニアが通ることさえ直接聞いていない。近くの男性(54)は自宅のほぼ真下がルートなのを「知らなかった」と口にした。

ＪＲは14年、飯田市内で開いた事業説明会の資料に、一般的なトンネルの深さと上部の土地への対応方針を示していた。地表から5メートルより浅い所を通る場合は土地を取得。5メートルより深く30メートルより浅い場合は地下を使用する権利「区分地上権」を設定する。それより深い部分の記載はない。

上郷黒田ではかなり深い所でトンネル建設が見込まれる。30メートルより深い部分は地域ごとの説明会などで説明し、個々の土地所有者に対して承諾は求めない――。市リニア推進課の下平泰寛課長(55)は「JRからそう聞いている」と話す。JRは取材に対して方針を明らかにしていない。

東京都調布市では地下40メートルより深い「大深度地下」で東京外郭環状道路(外環道)のトンネル工事が行われた直上で、道路が陥没した。「土地の個別の所有者に対してトンネル掘削の承諾を得るための交渉をすること」。上郷地区の住民らでつくる「リニアから自然と生活環境を守る沿線住民の会」は22年6月1日、JRにそう記した要望書を出した。

地下の深い場所にトンネルを掘る際、他の事業者はどうするのか。国土交通省相武国道事務所(東京)は圏央道高尾山トンネルの工事で原則、土地所有者から個別に文書で承諾を得た。一方、鉄道建設・運輸施設整備支援機構(横浜市)は整備新幹線建設の際、「説明会で理解を得ている」という。トンネルの真上や周囲の住民には個別に案内を出し、欠席者には手紙で説明会の内容を伝える。

リニア計画で、JR東海の説明不足はたびたび指摘されてきた。県内工事が始まった16年当時の説明会では、住民の質問を1人3問までに限定。手を挙げる住民がいても終了した。飯田市や下伊那郡阿智村ではトンネル工事で出た残土の置き場候補地が、土石流の危険があると県が判定した場所なのに、JRも県も地元に説明していなかった。

それで地域の理解を得られるのか。JR東海はリニア事業の「3本柱」として工事の安全、環境の保全と共に地域との連携を挙げている。もう一度、その意味を見つめ直さなければ、事業は進まない。

トンネル工事と土地の所有権　民法は「土地の所有権は、法令の制限内において、その土地の上下に及ぶ」と規定。法務省民事局は、所有権が及ぶ上下の範囲は個別の土地の使われ方などで異なり、「ケースバイケース」だとしている。ＪＲ東海はこれまでの説明会資料で、30メートルより浅い場所にトンネルを掘る場合は用地を取得したり、地下を使用する権利「区分地上権」を設定したりする方針を示している。同省民事局によると、30メートルより深い空間でも所有権が及ばないとは言い切れず、争いになった場合は最終的には裁判所が判断するという。一方、01年施行の大深度地下利用法は、首都圏、近畿圏、中京圏で地下40メートルより深い空間などを「大深度地下」と定義。公共目的の事業に限り、使用権の設定を知事や国土交通相が事業者に与え、リニア計画でも適用されている。

二、情報公開は十分か

山あいの空にほのかに明るさが残る中、マスクを着けた住民が一人、また一人と入り口の階段を上る。22年5月20日、下伊那郡阿智村の清内路公民館で、ＪＲ東海が住民説明会を開いた。清内路地区を流れる黒川の支流「クララ沢」に、ＪＲはリニアのトンネル工事で出た残土約20万立方メートルを埋め立てようと計画する。

入り口近くに黒板があり、説明会は、清内路地区の住民や関係者を対象にしていると書いてあった。他地区に住む村民は出席できず、報道機関も入ることを拒まれた。

クララ沢は、土石流の危険があると県が判定した場所だが、ＪＲも県も地元に説明していなかった。残土置き場の候補地に挙がって5年。信濃毎日新聞の報道で表面化した後、ＪＲが一般の地区住民に説明するのは初めてだった。

出席者によると、ＪＲの担当者は冒頭で謝罪した。「きちんと調べてやってもらわないと困る」「住民の将来が懸かっている。真剣に向き合ってもらいたい」――。住民からはＪＲや県、村の姿勢を問う声が上がったという。

リニアの工事をめぐる各地の説明会は、非公開ばかりだ。なぜか。ＪＲ東海中央新幹線建設部名古屋建設部の古谷佳久担当部長は取材に、「地元の人から忌憚のない意見を聞くためだ」とする。下伊那郡喬木村では、高架橋建設についてＪＲが説明した村主催のリニア対策委員会まで非公開となった。村は公開を求めたが、ＪＲの意向で公開されなかった。

非公開の説明会などは、会合後に報道機関が出席者に取材し、内容の一部を報じている。しかし質疑応答の全容や細部のやりとりは分からず、同じ村内でも他地区の村民には伝わらない。

阿智村清内路のパート保育士、桜井美津恵さん(66)はリニアのトンネルを掘る坑口「萩の平非常口」に通じる村道沿いに暮らす。準備工事で目の前を工事車両が走り、騒音や振動で静かだった環境は変わりつつある。今後、掘削工事が始まれば、工事車両はさらに増える。

今の静かな生活を壊されたくない。不安や怒りが村の中でさえ「伝わっていかない」もどかしさ。その一因は、ＪＲが説明会の出席者を限定して情報が共有されず、住民が分断されていることだ。

住民説明会は地元以外に非公開。リニアの消費電力が新幹線の何倍かも非公開。トンネル工事現場で事故が起きても「労災は原則発表していない」。リニア計画をめぐり、JR東海には情報をオープンにして地域の理解を求める姿勢が決定的に欠けている。

「民間で働いたこと、ありますか。民間企業は契約内容をいちいち明らかにしませんよ」。記者の取材に、JR東海広報部の担当者がそう口にしたことがある。東京・品川―名古屋間のトンネル工事で出る残土の約7割の活用先が決まっているというJRホームページでの説明の内訳を示してほしい、と求めた時だ。

リニアはJRが建設主体だが、政府が3兆円の公金を融資し、用地交渉を県や市が肩代わりする公共性の高い事業だ。ルートは私たちの郷土を、国民の財産である南アルプスを貫いていく。高い公共性には大きな責任が伴う。これまでの取材で、JR東海にその自覚は感じられない。

JR東海　1987（昭和62）年4月、国鉄の分割民営化で発足。東海道新幹線と県内の中央西線、飯田線を含む12線区の在来線を運営する。91年に新幹線保有機構（解散）から東海道新幹線設備を5兆円余で買い取り、97年に株式上場。2006年に完全民営化した。新型コロナウイルス流行前の19年3月期連結決算の純利益は4387億円、22年3月期決算の純損益は519億円の赤字。運輸収入（単体）の90％を東海道新幹線が占める。従業員数は約1万8500人。一方、分割民営化後の旧国鉄債務のうち24兆円余は最終的に国が負担することになり、19年度末時点で16兆円余の債務残高を国が引き継いでいる。

ウグイスがさえずる深緑の中、土がむき出しの谷筋に黒く太いパイプが並んでいた。盛り土の地下に、水をためないための排水管だ。

三、残土の行き先を確保できるのか

リニアのトンネル工事で出た残土約130万立方メートル(東京ドーム約1個分)を埋め立てる下伊那郡豊丘村本山《ほんやま》の残土置き場。22年6月12日、木曽郡南木曽町リニア対策協議会の委員ら13人が視察に訪れ、JR東海の担当者から説明を受けていた。

南木曽町内の工事で出る残土は約180万立方メートル。残土置き場は町内8カ所で検討されているが、決まった場所はない。町内で繰り返された土石流災害の記憶が、盛り土への警戒感を強めている。この日は既に埋め立てが始まった場所を見たいと訪れた。

一行は昼食のため豊丘村神稲《くましろ》の「道の駅」へ。委員の1人で住民組織「妻籠を愛する会」の理事長を務める藤原《ふじはら》義則さん(74)が、みそラーメンを口に運ぶ手を止め、つぶやいた。「だけど普通は逆だよな。捨てる場所を確保してから穴を掘るってもんだろう」

JR東海によると、リニア工事で出る残土は、県内分だけで東京ドーム8個分近い約974万立方メートル。谷や沢を埋めたり公共工事に活用したりと処分・活用先が決まったのは3割にとどまる。すべての行き先が決まらないまま、豊丘村や下伊那郡大鹿村、飯田市でトンネル工事が進み、残土が毎日出ている。

残土の行き先が決まらないのには、構造的な背景もある。建設残土の問題に詳しい畑明郎・元大阪市立大学大学院教授(環境政策論)によると、高度成長期に湾岸開発で大量に利用された残土の搬出先は近年、主に内陸部が占める。県内ではかつて北陸新幹線(長野経由)の工事でもトンネル工事が相次いだが、長野―上越間の工事が始まった1998年当時と比べ、道路工事など残土を活用できる公共事業は減っている。

一方、残土をめぐっては処分先を早く確保する流れが強まっている。2021年7月、静岡県熱海市で起きた大規模土石流で、建設残土などの盛り土が崩れたことがきっかけだ。国は22年5月、公共事業の入札段階で残土の搬出先を明示するよう改正指針を閣議決定。各省庁や自治体に通知した。しかし、リニア事業はJR東海が建設主体となる「民営」事業。指針の対象からは外れている。

残土の行き場がなくなれば、工事が止まって長期化することもあり得る。自然由来のヒ素やホウ素などを基準値以上に含む「要対策土」は、特に受け入れ先の確保が難しい。JR東海は残土の処分・活用先の確保と工事の見通しを関連付けて、できる限り詳しく住民に示すべきだ。

問題は県内に限らない。東京・品川―名古屋間では東京ドーム約46個分の残土が出るとされる。JRは22年3月末時点で処分・活用先が決まった残土が約75%に上るとホームページで公表しているが、内訳を示しているのはその一部。取材班は2月、処分・活用先の内訳をすべて示すよう求めた。約2カ月後、JR広報部は「(搬出先が)多岐にわたり相手もいる話。お示しするのが難しい」とした。本当に75%の行き先が決まり、適正に処分・活用されるのだろうか。外部の誰も確かめられない。

建設残土　トンネル掘削をはじめ建設工事で出る土砂。国土交通省は「建設発生土」と呼ぶ。同省によると、18年度に国内の工事で発生した建設残土は2億8998万立方メートル。このうち発生した工事現場内や他の工事で有効利用されず、処分場などへ運ばれたのは5873万立方メートル。搬出先の不足が指摘されており、山林などに埋め立てられ不適切に処理される例が後を絶たない。建設残土の発生元の8割余は国や地方自治体による公共工事。一方、残土のうち自然界由来のヒ素、鉛といった有害物質を含む「要対策土」をめぐっては、31年春の開業を目指す北海道新幹線新函館北斗―札幌間の工事でも、受け入れ先確保が難航し、工事の中断を招いた。

四、残土を長期管理する覚悟はあるか

紫や青のアジサイが見頃を迎えた斜面は、災害の傷痕だった。兵庫県西宮市の仁川百合野町《にがわゆりのちょう》地区。「地滑りがあった場所だなんて信じられないでしょ」。記者が現地を訪れた22年6月13日、一帯の花を手入れするボランティアグループの会員で、近くの岩城峯子さん(78)は静かに振り返った。

1995年1月17日早朝に起きた阪神大震災。斜面から約10万立方メートルの土砂が住宅地を襲った。岩城さんの自宅は現場から歩いて3分ほど。強い揺れのしばらく後、異変を知って現場に向かうと、民家が並んでいた場所が一面、土砂に埋もれていた。土の中から声が聞こえた。顔見知りを含め34人が犠牲になった。

兵庫県などによると、現場は一帯の水道用水を供給する阪神水道企業団(神戸市)が55年ごろ谷を埋めて造成した場所だ。排水管などは当時の図面に記されていたが、管理が十分だったかははっきりしない。当時は雑木林に覆われ、岩城さんは「盛り土だったなんて知りませんでした」と言う。

２０２１年７月、静岡県熱海市で死者・行方不明者28人を出した大規模土石流でも盛り土が崩れ、その管理が問われた。届け出を上回る量の盛り土が積まれ、排水対策も不十分だったとされる。

長野県ではリニアのトンネル工事で出た残土を、沢や谷に盛り土する工事が進み、候補地が検討されている。下流で不安を抱える住民もいる。誰が管理の主体を担い、長期にわたって安全を担保していくのか。ＪＲ東海は下伊那郡豊丘村の本山、戸中の残土置き場２カ所について土地を買い取って恒久管理する方針を表明した。一方、飯田市下久堅《しもひさかた》の残土置き場など、管理の主体がまだはっきり決まっていない場所もある。

釜井俊孝・京都大学名誉教授（応用地質学）は盛り土の管理について、地下水位の監視や排水設備の機能維持が極めて重要だと指摘する。ＪＲも豊丘村の２カ所については地下排水管や土留め擁壁を設けるとし、万全の対策を強調する。しかし、今後は設備が老朽化すれば補修や更新も必要になる。山奥で人目に触れる機会の少ない残土置き場について長期間、多額の費用をかけて管理する覚悟はあるのか。

管理コストや設備の更新間隔の見込み、管理の重要性を社内で引き継ぐ方策について現時点の考えをＪＲに尋ねた。ＪＲ東海広報部は「これから決まることもあり、お答えできない」とした。

北佐久郡御代田《みよた》町御代田の龍神の杜《もり》公園。円形ステージや芝生広場、遊具などのある憩いの場は、北陸新幹線（長野経由）のトンネル工事で出た残土など約53万立方メートルを町中心部の東にある久保沢川に埋め立て、１９９８年に完成した。川は現在、公園下のコンクリート管を流れる。

盛り土の排水対策や維持管理はどうしているのか。記者が町建設水道課の担当者に尋ねると、久保沢川が流れる本管しかないとの答えだった。

翌日、町役場を直接訪ねた。担当者は言った。「すいません。何本かあります」。黄色く色あせた当時の図面には、本管に並行して複数の排水管が記されていた。担当者によると、排水管に詰まりがないかといった排水機能の点検はできていないという。

完成から四半世紀が経ち、排水管の存在は忘れられていた。

西宮市仁川百合野町地区の地滑り災害　兵庫県発行の『阪神・淡路大震災誌』などによると、95年1月17日の震災により、同県西宮市にあった甲山《かぶとやま》浄水場（当時）東側に盛り土造成された斜面で地滑りが発生。幅と長さそれぞれ約100メートル、厚さ15メートルの土砂が崩れ、斜面下の家屋13戸が押しつぶされた。34人が死亡。近くを流れる仁川も崩落土砂によってせき止められた。一帯は「地すべり防止区域」に指定されてはおらず、被災後、研究者からは地下水の排水が不十分だった可能性が指摘された。災害後、兵庫県は対策工事として20億円を超える事業費をかけ、約3万平方メートルの範囲に総延長約7キロの排水管を設置し、142本のくいで地盤を固定した。

五、工事の社会的責任を尽くしているか

オンライン会議の画面の向こう。共同企業体（JV）筆頭の大手ゼネコン清水建設（東京）の斉藤武文・常務執行役員土木東京支店長ら3人が頭を下げる。隣にいるJR東海の新美憲一名古屋建設部長ら4

人は、工事発注者と現場を仕切る受注者の立場の違いを意識してか、伏し目がちなまま動かなかった。

22年6月6日、長野県庁と名古屋市のＪＲ東海本社を結んだ会議。下伊那郡豊丘村のリニア中央新幹線伊那山地トンネル坂島工区で4月に起きた重傷労災事故の原因と再発防止策が県側に報告された。「ＪＲも一致協力して（対策に）取り組む」。新美部長は強調した。

坂島工区で作業員がけがをする事故が起きたのは、21年11月以降で3回目。住民の関心は高く、事故による工事の中断は工事車両の増減など地域にも影響する。4月の事故はけがの程度も3回で最も重かった。しかし、表面化したのはＪＲが発表したからではない。発生の6時間半後、県警の発表によってだった。

リニアのトンネル工事には崩落などの危険があり、周辺を数多くの工事関係車両が走る。安全の徹底が求められるのと同時に、事故が起きた場合にどう対応するか、企業としての姿勢が問われている。

南アルプスを貫くトンネル工事などが本格化する下伊那郡大鹿村。村と隣の上伊那郡中川村では21年、工事で出た残土を運ぶダンプカーの事故が3件起きていたが、ＪＲは公表していなかった。

工事現場の事故は21年秋以降、坂島工区を含め県内外で22年6月までに計6件発生。岐阜県中津川市の事故では小板孝幸さんが死亡した。ＪＲは「労災事故は原則発表していない」と自ら社会に知らせることに消極的で、事故翌日に県の発表で初めて分かった例もあった。

企業の社会的責任（ＣＳＲ）に詳しい桜井徹・日本大学名誉教授（公益企業論）は「事故を起こしたのは受注者や現場であっても、発注者が情報を隠せば、それが次の不祥事や同様の事故につながる」と甘さを生む可能性を指摘。「次の事故を防ぐためにも、100％の情報開示が必要だ」と強調する。

当初の対応が十分でなく、問題が拡大する事例は実際に起きている。中川村の「半の沢」で5月、残土を使った県道改良工事をJRから受注した大手ゼネコン鹿島（東京）などのJVが、生コンクリートが混じった水を地面に流していたことが取材で発覚。生コンを型枠に送るコンクリートポンプ車を現場で洗ったためで、県は「不法投棄に当たる可能性もある」とした。JRはJVへの改善指導などの経過を村に報告し「区切りがついた」（金子慎社長）としたが、6月には生コンをプラントから運ぶミキサー車を洗った水も流していたことが取材で分かった。

「工事が安全に、円滑に進むには地元との信頼関係の構築が基本。地域住民の気持ち、関心の度合いを踏まえ、より積極的な公表、説明をお願いしたい」。6日のオンライン会議で、小松誠司・県建設部次長はJRに求めた。

公表していない事態が後で分かったり、対応したはずの問題で新たな事実が出てきたりすれば、企業への信頼は落ちるばかりだ。再三の要請をJR東海はどう受け止めるのか。突き放してばかりでは、地域の理解は得られない。

企業の社会的責任（CSR） 企業は利益を追求するだけでなく、活動や意思決定が社会や環境に与える影響に対して責任を持ち、住民や消費者、投資家などに対して責任ある行動を取るべきだという考え方。国際的な指針として、10年11月に国際標準化機構（ISO）が発行した組織の社会的責任に関する国際規格「ISO26000」がある。「説明責任」「透明性」「倫理的な行動」「ステークホルダー

（利害関係者）の利害の尊重」「人権の尊重」など、尊重すべき7つの原則が示されている。近年は地球環境の保護や、働きやすい職場づくりなど社会問題への取り組みが積極的な企業に投資する「ＥＳＧ投資」も拡大している。

リニア中央新幹線建設促進期成同盟会の総会に集まった沿線9都府県の幹部ら．自治体の役割は事業の「推進」だけではないはずだ．2022年6月3日，都内．

六、自治体は住民に寄り添っているか

三重県、岐阜県、長野県……。一定の間隔を空けた椅子の張り紙に、9都府県の関係者の席が割り振られていた。沿線都府県でつくるリニア中央新幹線建設促進期成同盟会が22年6月3日、東京都内のホテルで総会を開いた。新型コロナウイルスの流行を受け、対面での開催は3年ぶりだった。

長野県の関昇一郎副知事ら各都府県の約１８０人が出席。未着工の静岡工区について「地元自治体の理解を得ながら早期着手を」と求め、「一日も早い全線開業のための具体策を引き続き検討し、さらなる方策を」と決議した。

全国新幹線鉄道整備法に基づくリニア計画は、ＪＲ東海の「民営」事業であっても自治体が本線や駅の用地交渉を担う。長野県庁では15年発足のリニア整備推進局が町村部を担当。１９８０（昭和55）年にできた高速道路局、91年設置の北陸新幹線局

と違い、組織名には「推進」の2文字が入っていた。
しかし、自治体の役割は「推進」ばかりだろうか。

「市は地域に判断を丸投げしたままだ」。飯田市龍江地区の住民らでつくる「龍江の盛土を考える会」の小木曽悦人さん(64)は言う。地元の清水川(清水沢川)では、JR東海がリニアのトンネル工事で出る残土約40万立方メートルの埋め立てを検討している。

候補地になったのは市が2013年、沢やくぼ地の情報を各地区に求め、住民自治組織「龍江地域づくり委員会」が提案したのが発端だ。地元とJRの協議が進む中で下流住民の不安が募り「考える会」が発足。住民の賛否は割れた。

そんな地区を市や県は傍観したままだった。盛り土が安全かどうかに関する情報も、合意づくりへの手助けもなかった。「不安の声があるのに耳を傾けることもしない。行政が法律に基づく仕事しかできないのでは駄目だと思う」

市や県の職員はリニア計画の用地交渉を担い、残土置き場の候補地情報も集めている。一方で残土の受け入れに悩む住民を、なぜ支援しないのか。それではまるでJRの「下請け」ではないか。

「ダンプカーの数がとても多く危険を感じた」。大鹿村観光協会が4月に始めた観光客向けアンケート。記入欄を見つめ、会長の平瀬定雄さん(53)は「この人たちはもう、村に来ないかもしれない」とため息をついた。

残土運搬などリニア工事の関係車両は役場前を1日平均約670台走る。村観光協会は21年8月、工事が休みの日曜日に加えて土曜日の工事車両運休を求める請願を村議会に提出。採択された。

ＪＲ東海は22年6月23日、村が3カ月に1度開く村リニア連絡協議会で、土曜運休を前年の年間2日から17日に増やし、行楽期の10、11月は毎週土曜日を休みにするとした。固かった交渉の扉がようやく少し開いたようにも見えた。

ただ、代わりに2カ月間は平日の通行台数が1日約60～100台増え、村民の日常生活には影響が増す。工事を遅らせたくないＪＲの意図がにじむ方針に、平瀬さんは「村の観光と村民の暮らしの両方を考えてほしい」と願う。

開業時期自体が不透明なリニア計画を相手に、村民の生活をどう成り立たせるか。人口1000人弱の村の立場や交渉力だけで難しければ、小村を支援する県の役割が重要になる。

本当の協議はこれからだ。

リニア中央新幹線建設促進期成同盟会　1979(昭和54)年に中央新幹線建設促進期成同盟会として発足。2009年に改称した。東京都、神奈川、山梨、長野、岐阜、愛知、三重、奈良県、大阪府の沿線9都府県で構成。リニアの「早期建設の実現を強力に推進」することを目的に据え、国やＪＲ東海への要望、広報活動などをしている。6月3日の2022年度総会では、工事による水資源への影響を懸念して静岡工区の着工を認めていない静岡県の川勝平太知事から加盟申請があったことが報告され、7月に静岡県の加盟が正式に決まった。

七、政治は機能しているか

選挙カーが街を、田園を、山間地を走りだした。22年6月22日に参院選が公示された。ロシアのウクライナ侵攻を背景に物価高や外交安全保障政策、新型コロナウイルス対策などをめぐり、各党が主張を続けた。

リニア中央新幹線計画は、脱炭素社会を目指す中での大きな消費電力、首都圏に一極集中した社会の在り方、人口減少時代の経済の成長と成熟といったさまざまな論点を含んでいる。しかし、全国でも県内でも、主要な争点には挙がらなかった。

「(リニアは)国土強靱化基本計画にも明記された国家プロジェクト。われわれ立法府の人間、政府、地方公共団体とも連携して進めていくのが極めて重要だ」。自民党リニア特別委員長で、リニア岐阜県駅(仮称)のできる中津川市を含む選挙区選出の古屋圭司衆院議員が強調した。

6月3日、東京都内のホテルで開いた沿線9都府県でつくるリニア中央新幹線建設促進期成同盟会の総会。来賓席には与党から自民、公明、野党から立憲民主、日本維新の会、国民民主の各党議員計22人が座っていた。

これまでリニア計画は、多くの与野党の「相乗り」で進んできた。政府が東京都—大阪市間の整備計画を決定したのは11年の民主党(当時)政権時代。東京・品川—名古屋間の工事実施計画を認可したのは自民党に政権が移った後の14年だった。

計画は07年、JR東海が首都圏—中京圏の営業運転開始に向け建設費全額を自己負担する方針を表明したことで動き出した。09年に政権交代を実現した民主党は当時、「コンクリートから人へ」を掲げ、公共事業の見直しに舵を切ったが、「民営」事業のリニア計画については後押しする立場だった。自民党が政権を奪還し、リニア計画は「国策」色を強める。安倍晋三首相（当時、22年7月に死去）の下、16年には国の資金を民間銀行より大幅に低い金利で貸す財政投融資を活用し、ＪＲ東海への計3兆円の融資を決定。当時、代表権を持っていた葛西敬之名誉会長（22年5月に死去）は、安倍氏に近い経済人として知られていた。

時代は変わる。人口減少は加速し、脱炭素社会の実現の重要性が高まり、新型コロナの流行で生活様式が変わった。各地で工事の影響も見えてきた。国がお墨付きを与え、巨額の資金を融資したリニア計画について、本来なら国の検証と説明、国会のチェックが必要なはずだ。

１日１キロ当たりの平均乗客数が50人。ＪＲ西日本が長野・新潟県境部で運行する大糸線《おおいとせん》南小谷《みなみおたり》―糸魚川《いといがわ》間の「輸送密度」は20年度、不採算の目安という２０００人を大きく下回った。ローカル線の利用者減少は全国で課題になり、国土交通省は有識者検討会を設けて議論している。

国鉄が地域別に分割され、民営化されて35年。国鉄債務の一部は国民負担となり、経営に苦しむＪＲ北海道は赤字路線の一部を廃止した。一方、東海道新幹線で大きな利益を生み出してきたＪＲ東海は、リニア品川―名古屋間に7兆円余を投資する。

それは民営化の当然の帰結なのか、分割によって生じたアンバランスなのか。この国の鉄道が再び曲がり角を迎えつつあるいま、政治には視野を広げた議論が求められる。

八、時代に乗り遅れた計画でないか

ノートパソコンを開くと、3Dコンピューターグラフィックス(CG)で作ったゲーム空間のような街が現れた。青空に雲が浮かび、ビルやホールが並ぶ。キーボードを操作する人の分身「アバター」が画面の中で走ると、浜辺に出た。インターネット上の仮想空間「メタバース」だ。

「うちの『本社』もこの中にありますよ」。仮想空間「ガイアタウン」を運営するガイアリンク(茅野市)の副社長、千野将さん(38)が22年6月13日、茅野市のJR茅野駅前のラウンジで画面を示した。仮想空間で、千野さんのアバターがオフィスに「出社」した。

黄色いジャケット姿の男性のアバターが現れ、こちらに手を振った。アバターの主は、メキシコ中部ケレタロ市に住むガイアリンク製品開発責任者の花亀良和さん(43)。仮想空間は距離を超える。「この気軽さですよ」。会話は時間差もなく滑らかだ。

ガイアリンクは、米国発の仮想空間「バーベラ」の国内公式販売代理店。日本向けに仕様変更したガイアタウンを21年7月に始めた。仮想空間内のオフィスや教室、イベント会場などを定額制で提供する。新型コロナウイルスの流行に伴って商社のオフィスや大学の教室として使われ、5月末時点で8000人超が利用した。

国鉄の鉄道技術研究所(当時)がリニアモーターカーの研究を始めたのは1962(昭和37)年。東海道新幹線が開業し最初の東京五輪があった年の2年前だ。それから60年。リニア中央新幹線は東京・

品川―名古屋間の開業を目指して建設が進んでいる。

レール上を車輪で走る鉄道は一定以上の速度になると車輪が空転し、スピードアップに限界がある。そこで磁石の力を使い、列車を浮かせて走る発想に至った。国土交通省の実用技術評価委員会は２００５年、「実用化の基盤技術が確立した」と判断。15年に山梨県内の実験線で鉄道の世界最高速度となる時速６０３キロを記録し、ＪＲ東海は米国への売り込みを図っている。

一方、人々のコミュニケーションの手段はこの間、携帯電話やインターネットへと広がった。さらに新型コロナの流行で遠隔勤務やオンライン会議が拡大。現実の距離を超えて顔を合わせ、対話する手段が日常になった。

対面の重要性や、旅の楽しみは変わらないだろう。千野さんもコロナ後に出張が減った分、電車に乗って移動する楽しみ、友人に会って飲食する喜びを実感した。オンラインの普及で「リアル(現実)がスペシャル(特別)だと再認識した」と言う。

ただ、メタバースを含めたオンラインが、移動の代わりになる部分も確実にある。研究が始まって60年。「夢の超特急」計画はいつの間にか、時代の速さに追い越されてはいないだろうか。

仮想空間と違い現実に進むリニアの工事は、手付かずの自然が残る南アルプスに穴を開け、出た土を運ぶ1日数百台のダンプカーが山村を走る。土は地域の沢や谷に埋められて災害の不安を生み、駅予定地に暮らす人々は追い立てられる。開業後は新幹線に比べ大量の電力を消費する。

公共事業とはそういうものだ、とは割り切れない。その犠牲に見合う価値が、リニア中央新幹線計画に本当にあるだろうか。

メタバース　3Dコンピューターグラフィックスや仮想現実（VR）などの技術を応用し、インターネット上に構築する仮想空間。英語で「超越した」という意味の接頭語「メタ」と、宇宙を意味する「ユニバース」を組み合わせた造語。米国の作家ニール・スティーヴンスンが1992年に発表したSF小説『スノウ・クラッシュ』に登場する仮想世界が由来とされる。デジタルの世界では次世代のプラットフォーム（基盤）と期待される。米交流サイト（SNS）大手のフェイスブックが2021年10月、社名を「メタ」に変更し、メタバースに注力する姿勢を強調。米IT大手マイクロソフトも投資を加速している。

（2022年6月20～28日、全8回）

CLOSE UP

読者の声から

「土の声を」の新聞連載中には、県内を中心に読者から手紙やメール、ファクスで多くの反響が寄せられた。リニア計画への賛成意見もあった一方で、懸念や疑問の声が多くを占めた。一部を紹介する。

「工事の用地買収担当の人々は、大勢の人々の泣く姿を思い浮かべながら、仕事を進めてほしい」。リニア中央新幹線長野県駅（仮称）の整備に伴って立ち退きを迫られる住民の嘆きや苦悩を読み、佐久市の70代男性はそうつづった。リニア開業による大都市圏との間の時間短縮に期待する飯田市の80代男性も「２００世帯近くも移転しなければならないなんて大きな社会問題」と受け止める。「ＪＲ東海も行政も、住民の痛みを考えてほしい」と望んだ。

南アルプスを貫くトンネル工事が進む下伊那郡大鹿村出身の70代女性は時々、ふるさとを訪れるという。「静かな村でしたが、いまは土煙が舞い、ダンプの音、トンネルの発破の音が聞こえてきます」とし、「のんびりした村がちょっと変わってきたな。すごくさみしい気持ちになりながら帰ってきます」と感慨を文字にした。

トンネル工事で生じる残土の処分先も課題になった。上伊那郡飯島町の80代男性は、１９６１（昭和36)年に起きた豪雨災害「三六災害」で、当時暮らした同郡中川村の自宅が土砂災害で埋まったと説明。崩壊したのは発電所の「水路トンネル工事で出た残土を、沢の谷に埋めた場所でした」と振り返った。

「いま各地で残土の処分が問題になっていますが、慎重の上にも慎重にやってほしい」。静岡県熱海市で2021年に起きた土石流災害にも触れつつ、そう願った。

「こんな大事業が地元への説明も不十分で、むしろ知らせないようにして進められていることに驚きました」。飯田市の80代女性は、JR東海の姿勢に疑問を持った。下伊那郡阿智村の80代男性も「JR東海の秘密主義」を問題視し、「工事に関する説明会を地元地区住民以外には非公開にすれば、問題を解決に向かわせる住民の知恵を遠ざけてしまいます」と強調。「説明会は原則公開し、関連する資料は誰もが入手できるようにすべきです」と求めた。

「リニア計画は景観や自然を破壊し、住民の移転、土砂の処分に伴う危険など壮大なコストがかかります。一方、ベネフィット(経済的な恩恵)の面では県内に駅が一つできるだけです」と指摘したのは長野市の50代男性。世界銀行グループで長く働いた経験があるというこの男性は「長期的なベネフィットが多大なコストを上回るとは思えません」との見方を示した。

多大な電力消費への懸念も大きい。中野市の50代女性は、脱炭素社会の実現が叫ばれ、電力逼迫がたびたび問題になる近年の状況を挙げる。「その一方でリニアの建設を推し進めようとする社会に、大きな矛盾を感じています」

計画は、当初予定からは遅れつつも進んでいる。塩尻市の70代女性は「国が進めていることだから、もう始まっていることだから、今さら何か言っても無駄ではないかと諦めている人も多いでしょう」と推測。「でもこれだけたくさんの問題や不安を抱えたまま、突き進んではいけない」と訴えた。

「地方自治は、相手が国でも県でも大企業でも、それが住民の願いに沿わなければ『それはのめません』『私たちはこう望みます』と言い続けることにある」。下伊那郡高森町の70代男性は強調した。

一方、大鹿村の50代男性は「大都市間を結ぶリニア計画は、そもそも都市住民こそが真剣に考えなければならない問題です」と投げかける。

「立ち止まってじっくり考え、議論し、決まったことだと諦めずに解を求めなければならないと思います」。佐久市の70代男性はそう記した。

エピローグ

リニアの県内駅が計画される飯田市上郷飯沼・座光寺の一帯．家屋の移転が進む．2022年6月16日（地権者らの承諾を得て小型無人機で撮影）．

上空約120メートル。小型無人機ドローンから見下ろす飯田市上郷飯沼・座光寺の一帯は、連載が始まった2022年1月時よりも空き地が増えた。記者が取材でインターホンを鳴らした家も解体されていた。ここで22年12月、リニア中央新幹線長野県駅（仮称）の工事が始まった。

「未練っていうか。やっぱり地元が好きなんだな」。上郷飯沼北条地区の宮下泰広さん（69）は、駅周辺整備などのため離れることになった土地への愛着を話した。思い出の多い家。移転補償交渉のストレスで一時は安眠できない日が続いた。4月に市側と建物補償契約を締結。気持ちを整理し、前を向こうとしている。

連載で取材した人たちを中心に、もう一度話を聞いた。

リニア計画は全国新幹線鉄道整備法に基づく「国策」事業で、用地交渉を県や飯田市が担っている。飯田下伊那地方の市町村や経済団体は長く建設促進を訴えてきた。

その計画への疑問を口にすることは、時に周囲とあつれきを生んだ。下伊那郡豊丘村議の壬生真由美さん(62)は結婚を機に村に住んで約30年。「リニアに反対する嫁がいるって有名だ」。酒席で村職員から言われたことがある。

トンネル掘削で水が枯れないか。工事で出た残土を埋める谷の管理は大丈夫か。懸念するが、村は「JRが適切に対応している」とし、問題意識の差を感じる。

下伊那郡松川町リニア建設工事対策委員の寺沢茂春さん(72)の両親は戦時中、旧満州(中国東北部)へ渡った。敗戦直前の旧ソ連の侵攻から逃避行する中で大勢が亡くなり、残留孤児らを生んだ満蒙開拓。寺沢さんの父親もシベリア抑留を経験し、帰国後に両親は原野を開拓してリンゴ栽培を始めた。農家を継いだ寺沢さんは、国や県、市町村が進めたかつての国策にリニアを重ねる。「国策だからとそのまま信用はできない。私たちは歴史で学んでいる」

リニア計画は、建設費をJR東海が賄う「民営」事業でもある。説明責任と情報公開は民間基準を盾に、不十分なまま進んできた。

残土約40万立方メートルの埋め立てが検討される飯田市龍江地区。下流の住民らでつくる「龍江の盛土を考える会」の副会長、林宗吉さん(73)にJR東海の印象を尋ねると、「飯田線の社員は親切なんです」と語り口が和らいだ。静岡県伊豆半島へ旅した21年。市内の天竜峡駅で列車に乗ると、駅員が追いかけてきた。乗り継ぎ割引が利く切符の買い方を助言してくれたと言う。

一方、地区で19年に開いた残土置き場計画の説明会では、報道機関を含め地元住民以外を入れないJRの姿勢に不信感を覚えた。「駅員と同様、リニア事業でも住民の目線に立ってほしい」と願う。

上伊那郡辰野町出身で国鉄OBの元法相、野沢太三さん(89)はリニア計画の推進論者だ。新型コロナウイルスの流行もあって東京での取材が実現したのは22年6月。野沢さんは東海道新幹線整備に携わった経験を語り、強調した。「住民の不安に対して一つ一つ丁寧に説明して、答えていかなくちゃいけない。解決策を示せば反対だった人が賛成に回ることもある」

「国策民営」事業に不条理を感じながら、騒音をはじめ工事の「痛み」を受ける住民は各地で声を上げていた。「ここに住んでいる人間が言わにゃ、しゃあない」。下伊那郡阿智村清内路のトンネル工事現場に通じる村道沿いに住む桜井久さん(64)は話す。

工事の説明会では最近、諦めなのか意見が出なくなり、孤立感も感じる。「でも言われた通りにしとったんじゃ駄目だ。自分たちで決めるしかない」。そう信じている。


勢いよく流れる水。地層が刻まれた大きな岩をフェルト底の靴で慎重に踏みしめる。南アルプスの麓、大鹿村の最奥部にある釜沢集落の下を流れる小渋川の支流、小河内沢川。梅雨の晴れ間が広がった22年6月8日、取材班の記者は沢をさかのぼった。

用意したザイルは使わなかったが、近年の大雨で足がかりになる岩が流されたのか、迂回しなければならない所もあった。歩きだして4時間ほど。高さ約50メートルの「雨乞いの滝」が現れた。霧の

南アルプス山中から流れる小河内沢川の「雨乞いの滝」．リニアのトンネル工事の影響で川の水量は半減すると予測される．2022年6月8日，大鹿村大河原．

ような水しぶきが顔に当たった。

滝のやや南の地中深くに、リニアのトンネルが計画されている。JR東海が14年に公表した環境影響評価書は、トンネル工事の期間中と完成後、小河内沢川の水量がほぼ半減すると予測。JRはさまざまな環境保全措置で「減少量を少なくできる」としたが、実際の影響は掘ってみないと分からない。

私たちは21年秋から、リニアの工事が本格化する信州の現場を歩いてきた。中間駅の建設に伴って移転を迫られる飯田市上郷飯沼北条地区の住民には、抱えきれない思い出や今後への不安があった。大鹿村では、静けさを求めて移住した人が突然の工事に耐えていた。トンネル掘削現場から離れた飯田市龍江では、工事で出た残土の埋め立てが検討される沢の下流で、災害を心配する人たちがいた。

リニアは東京、名古屋、大阪の三大都市圏を一体化し、人や物、金、情報が集まる「スーパー・メガリージョン」(超巨大都市圏)をつくるという。駅のできる飯田下伊那地方は確かに大都市圏が近くなる。想定される停車本数は1時間に1本。代償として地方は、どれだけ我慢しなければならないのだろう。

大鹿村の自然を生かして体験型宿泊施設を営む小林俊夫さん(77)、副村長を務めた岩本純一さん(75)の同級生の多くは村を出て、大都市圏で就職した。全国の「同級生」たちが高度成長の一翼を担った。地方では過疎が進み、政府は地方交付税や補助金を配って支えたが、大鹿村の人口は1000人を切った。

日本の人口は05年に初めて減少。東京への「一極集中」はその後も続いた。人口が減る中で始まった「国策民営」事業のリニア計画は、より大きな一極集中で成長を夢見るかのように映る。その陰で山村では多くのダンプカーが走り、残土を受け入れるかどうか悩まされ、企業の論理で位置が決まった中間駅の一帯で住民が土地を追われている。

大鹿村のトンネル工事はいよいよ南アルプスへと進む。残土を運ぶダンプが増え、水資源への工事の影響が目に見えだす恐れがある。リニアに電力を供給する送電線の工事で、資機材を運ぶヘリコプターも月に数日、飛び始めた。「日本で最も美しい村」連合に05年の設立当初から加わる村の風景は変わっていく。

飯田市上郷公民館に6月20日、リニア計画に疑問を持つ住民ら約70人が集まり、沿線地域の工事の課題や残土の問題が報告された。大鹿村で牧場を営む土屋道子さん(71)はマイクを握り、言葉に力を込めた。「リニアは本当に必要なのか。工事で苦しむ沿線以外でも考えてほしい」

この進め方でいいのか。得られる未来は、払う犠牲に見合うのか。もう一度、立ち止まって考えてほしい。「土の声」が、叫んでいる。

(2022年6月29日)

おわりに

1年前の写真(x頁参照)と比べると、家屋の数が減り、大きなパチンコ店も消えていました。長野県飯田市でリニア中央新幹線長野県駅(仮称)の起工式があった2022年12月22日。信濃毎日新聞長野本社で、記事をチェックするデスクとして原稿が届くのを待っていた私は、記者が高台から駅予定地一帯を捉えた写真に見入りました(次頁の写真)。

写真の中央左寄りには、式典の会場となった白いテント。そのすぐ近くには家々もまだ並んでいます。テントの中で静かに進む式典も、家屋移転に納得がいかず近くの住宅に集まった住民の憤りの声も、記者たちは取材していました。

用地買収のめどが立たないまま開かれた起工式。その日の一帯の風景は、進んでいくリニア事業と事業がもたらす光と影とを、象徴しているようにも見えました。

本格化するリニア工事によって地域で何が起きているのか。連載の取材は21年の秋に始まりました。取材班には、飯田市にある飯田支社で勤務経験のある記者が多く、地元のリニアへの期待は知っています。一方で工事の影響により悩んだり嘆いたりしている人がいます。記者も人間です。地域の期待

2022年12月22日撮影の長野県駅(仮称)予定地.

と不安の合間で葛藤も抱えつつ、現場を歩き、住民の声に耳を傾けました。

家屋の移転に納得がいかない人も、事業に対する地域の期待は感じています。そんな中で自分の思いや本音が実名で新聞記事に出るのは、思い切りや勇気がいることです。記者は干し柿作りを手がける仲間の輪に入って作業を手伝い、一緒にお茶を飲み、少しずつ信頼を得る中で話を聞かせてもらいました。

記者の一人は、トンネル工事が進む山間の村に家族と暮らしています。狭い地域では、記事に対して役場の幹部がどんな反応を示しているかも聞こえてきます。地域に根差して生活者の視点から書くべきことを書き、時には異なる意見にも向き合っていく。地方紙の記者だからこそできる仕事であり、やらなければならない仕事だと思います。

岐阜県のトンネル工事事故で犠牲になった男性のことを知りたいと、別の記者は遺族の元に足を運び、関係者を捜そうと各地を歩き、電話を繰り返しました。取材したことのすべてを記事にできたわけではありません。ですが、「この記事を書きたい、社会に知ってほしい」という思いが伝わったからこそ、多くの方たちが取材に応じてくれたのだと信じます。

取材の先に見えてきたのは、「国策民営」事業の構造的な問題点です。国が多額の資金を低利で貸し出し、県や市の職員が用地買収交渉を担うのは、リニアが「国策」事業だからです。それにもかかわらず計画に関する情報の多くは今も公開されていません。ＪＲ東海が建設・営業する「民営」事業だからです。

駅の建設で移転が必要になる家屋数はどのくらいか。全線のトンネル工事で出る残土の処分先はどこか。残土を運ぶダンプカーが起こした事故をなぜ発表しないのか。トンネル工事現場で起きた労災事故を積極的に公表しないのはどうしてか――。明らかになっていないことばかりです。

県や市町村も計画を推進しています。開業すれば東京が近くなるからであり、リニア工事に伴って地元の道路が改良されるからです。その気持ちは理解します。しかし、自治体には、工事の負の影響を受ける住民を守る責務もあるはずです。残土の処分候補地が土石流発生の危険がある場所なのに、ＪＲ東海も県も地元に説明していなかった問題は、官と民の間で責任が曖昧になった現実も示しました。

新型コロナの流行でリモートワークが広がり、出張が減りました。東京一極集中の価値観に変化の兆しがうかがえ、地方での暮らしに関心が向きました。人口減少も確実に進んでいます。一方で資源が高騰する中、リニアは新幹線に比べて大きな電力を消費します。リニアがもたらす効果は、暮らしや自然環境に与える影響に釣り合うのでしょうか。そもそも経済効果と取り返しのつかない暮らしや自然への影響を比べるべきなのでしょうか。もう一度、考えるべき時が来ています。

「なんだよ、これっ」。23年1月のある日の夕方、現在は長野本社で働く取材班の記者が、テレビの前で大きな声を上げました。リニア工事の残土を運ぶダンプカーが通学路を走る下伊那郡松川町の小学校で、JR東海と町が交通安全教室を開いたというニュースが流れていました。

交通安全教室それ自体は必要な取り組みでしょう。でも記者が声を大きくしたのには理由があります。そもそも数多くのダンプが走るのはリニア工事のためです。住民の側に危険を避ける対応を促す一方で、安全確保のためにどうすべきか、ダンプの数は減らせないのか、工事を進める側に問う視点が不足してはいないか。少なくともそれが伝わっていない――と感じたからです。

たとえ中間駅による恩恵があるにしても、大都市圏間の移動時間を短縮するために、地方はどこまで負担を甘受すればいいのでしょうか。リニアへの期待と不安がある信州の地から、本質的な問題を問いかけたい。巨大事業の光と影を追う取材は、今後も続きます。

連載は、小市昭夫取締役編集局長のもと、小池浩之編集局次長兼報道部長(現編集局次長デジタル統括)が統括。デスクを島田誠、取材を佐藤勝、青木信之、前野聡美、小内翔一、写真は北沢博臣が担当しました。関連記事は上沼可南波、ドローンによる撮影は米川貴啓、見出しやレイアウトは田中大輔、本書カバーにも使われた連載のロゴは井原明が担いました。

さまざまな事情がある中、新型コロナ下で取材に応じてくれた約500人の方たちの協力がなければ、連載は形になりませんでした。また、本書が世に出るのは、地方での連載に目を留め、出版を企画してくれた岩波書店と、編集部の田中朋子さんによる適切な助言のおかげです。それぞれに厚く感謝いたします。

本書が、巨大事業をめぐって現場で起きていることに少しでも多くの人が目を向け、考える一助になれば、これに勝る喜びはありません。

2023年2月

「土の声を」取材班代表　信濃毎日新聞社報道部次長　島田　誠

長野県とリニア中央新幹線をめぐる主な動き

1962年		旧国鉄鉄道技術研究所がリニアモーターカーの研究を開始。
1973年		国が中央新幹線の基本計画(東京—大阪、甲府、名古屋、奈良市付近を経由)を決定。
1974年		国が中央新幹線甲府付近—名古屋付近の地形・地質調査を国鉄などに指示。
		長野県議会が「中央新幹線の建設促進に関する意見書」を可決。
		飯田下伊那地方の団体などが中央新幹線建設促進飯伊地区期成同盟会を設立。
1978年		旧国鉄が長野県内でA(諏訪・木曽谷回り)、B(諏訪・伊那谷回り)、C(南アルプス貫通)ルートを建設可能なルートと中間報告。
1982年		中央新幹線建設促進長野県協議会が発足。
1987年		国鉄分割・民営化、JR各社が発足。
		JR東海が「リニア対策本部」設置。
1989年		県協議会が県内ルートをBルートとすることを決議。
		飯田市で「伊那谷高速交通フェア」開催。
1990年	2月6日	国がJR東海などに東京—大阪間の地形・地質調査を指示。
	11月28日	山梨リニア実験線着工。
1995年	1月17日	阪神・淡路大震災。

1997年	4月3日	山梨実験線でリニア走行試験開始。
2003年	12月2日	有人走行として世界最高速の581キロを達成（15年には603キロに）。
2007年	12月25日	JR東海が首都圏—中京圏の自己負担（中間駅を除く）での建設方針を表明。南アルプスを貫く直線ルート（Cルート）を想定。
2010年	4月28日	JR東海が開業見通しを東京—名古屋間は2027年、大阪までの延伸開業は45年と公表。
2011年	2月16日	リニア中央新幹線建設促進飯伊地区期成同盟会がリニア駅の現飯田駅併設を目指す決議。
	3月11日	東日本大震災。
	5月26日	国がCルートでの整備計画を決定（27日、JR東海に建設指示）。
	6月21日	県協議会がCルートを尊重することを盛った決議を採択。
	8月5日	JR東海が県内の概略路線案と中間駅位置案を公表。
	11月21日	JR東海が中間駅建設に関し、全額自己負担を表明。
2013年	9月18日	JR東海が飯田市への県内駅設置を公表。
2014年	10月17日	国が工事実施計画を認可。
	12月17日	JR東海が品川駅、名古屋駅でリニア建設工事に着手。
2015年	12月18日	JR東海が山梨県早川町で初の本体工事に着手。
2016年	5月20日	リニア計画に反対する沿線住民が、国に工事実施計画の認可取り消しを求めて東京地裁に提訴。
	11月1日	大鹿村で安全祈願・起工式。県内初のトンネル工事（南アルプストンネル）に着

		手。
	11月11日	国が財政投融資を活用し、JR東海に計3兆円を貸し付けるための改正法成立（～17年まで融資実施）。37年の大阪までの全線開業を目指す。
2017年	4月3日	静岡県の川勝平太知事が大井川の流量維持を求める意見書をJR東海に提出。
2018年	3月2日	リニア工事をめぐる談合事件で、東京地検特捜部が独禁法違反（不当な取引制限）の疑いで大手ゼネコン幹部2人を逮捕。
2020年	1月15日	国内で新型コロナウイルス感染者を初確認。
	4月27日	静岡県内の工事の水資源対策を検証する国の有識者会議が初会合。
	6月26日	JR東海の金子慎社長と川勝知事が初会談。物別れに。
2022年	2月24日	ロシアがウクライナに軍事侵攻。
	6月8日	静岡工区の生態系への影響を検証する国の有識者会議が初会合。
	12月22日	国が次世代原発への建て替えや、原発の運転期間60年超への延長を盛り込んだ脱炭素化に向けた基本方針を決定。
	同	リニア長野県駅（仮称、飯田市）の工事着工（東京・品川—名古屋間に計画する6駅のうち着工は5カ所目）。

信濃毎日新聞社編集局

信濃毎日新聞は1873(明治6)年7月創刊．販売部数41万2000部余，長野県内占有率74・7%(日本ABC協会レポート2022年10月新聞市郡別)．桐生悠々，風見章ら著名な言論人を多数輩出している．新聞連載の書籍化に，ともに新聞協会賞を受賞した『認知症と長寿社会――笑顔のままで』(講談社現代新書，2010年)，『検証・御嶽山噴火――火山と生きる　9.27から何を学ぶか』(信濃毎日新聞社，15年)，平和・協同ジャーナリスト基金賞大賞を受けた『記憶を拓く――信州 半島 世界』(信濃毎日新聞社，21年)，菊池寛賞受賞の『五色《いつついろ》のメビウス――「外国人」と　ともにはたらき　ともにいきる』(明石書店，22年)などがある．

土の声を「国策民営」リニアの現場から

2023年4月26日　第1刷発行
2023年7月14日　第2刷発行

著　者　信濃毎日新聞社編集局《しなのまいにちしんぶんしゃへんしゅうきょく》

発行者　坂本政謙

発行所　株式会社 岩波書店
〒101-8002 東京都千代田区一ツ橋2-5-5
電話案内 03-5210-4000
https://www.iwanami.co.jp/

印刷・三陽社　カバー・半七印刷　製本・松岳社

ISBN 978-4-00-023905-9　　Printed in Japan